Dark Horse

トッド・ローズ　オギ・オーガス
大浦千鶴子 訳　伊藤羊一 解説

Achieving Success Through The Pursuit of Fulfillment

「好きなことだけで生きる人」が成功する時代

三笠書房

われわれは、すべての人間が生まれながらにして平等であり、
その創造主によって、生命、自由、および幸福の追求を含む
不可侵の権利を与えられているということを、自明の真理として信じる

——トマス・ジェファーソン（アメリカ『独立宣言』の起草者）

日本語版への解説

すごい本に出会ってしまった！　すべての人に「希望の書」となる画期的な1冊

伊藤羊一

まず、最初に述べておこう。

本書は、活躍したいと願う多くのビジネスパーソンにとって、キャリアを考えるうえでの「希望の書」となるだろう。

本書は、子どもによりよい教育機会を提供したいと考える多くの親、保護者にとって、子どもの教育で大事にすべき軸を考えるうえで、「希望の書」となるだろう。

本書は、社員を大切にする多くの経営者にとって、どう社員に活きいきと活躍してもらう環境をつくるか考えるうえで、「希望の書」となるだろう。

私自身は本書によって、これまでのビジネスパーソン人生で経験してきたすべてのことが意味があることだったと知ったし、キャリアを考えるうえで、自分だけが例外ではなかったのだと気づき、自分がこれまで進んできた道のりに自信を持った。正直、震えた。

あなたも、本書からきっと、そういう思いが得られると思う。

最初から前のめり気味で結論を急いだのは、理由がある。これは宣伝用の言葉ではない。私は心からあなたに伝えたい。まずは読んでほしい！と。

「ダークホース」こそが〝本命〟になる時代

「ダークホース」という言葉を聞いて、あなたはどんな印象をもつだろうか。これは元々競馬用語で、本命ではなく番狂わせを生む「穴馬」のことを指す。そこから転じて、予想外の活躍をする人のことを「ダークホース」と呼んだりすることもあるだろう。

いずれにせよ印象としては、レアな存在、特殊な才能に満ちている存在。そんなイメージではないだろうか。私もタイトルを見たときにはそんな印象を持ち、そうか、「突然変異的に活躍した人たち」の「特殊な才能」に基づき活躍した「個別解」を述べた本なのかなと思いながら、本書を読み進めた。

しかしその印象は、良い意味で、完璧なまでに打ち砕かれた。

本書は、確かに「既存のルートではなく、型破りなルートで活躍するようになった人たち」の話であるが、彼ら、彼女らには、実に多くの共通点がある。そして再現性がある。

むしろ、これまでの大量生産の時代（本書の表現では「標準化時代」）から、変化が激しく、正解がない現代（本書の表現では「個別化の時代」）への変遷をベースとして考えれば、「ダークホース」たちの辿ってきたキャリアこそがスタンダード、つまり「ダークホース」こそが「本命」になってくるのである。

だからあなたが「ダークホース」という言葉に、「レアキャラの話だろ」といった先入観をもっていたとしたら、今この瞬間、この本を読むにあたって、きれいさっぱり捨て去ってほしい。だから冒頭に、前のめりのメッセージを込めた次第だ。

では突然変異ではないとしたら、どう「ダークホース」になるのだろうか。「ダークホース」は「目指すもの」ではない。結果として「ダークホース」になるのだ。ではどういうスタンスで、どういう経験を経ることが大事なのだろうか。

大事なのは、「大きな情熱」ではなく「小さなモチベーション」

本書に書かれた過程を、私の経験を重ね合わせながらお伝えしたい。

私は、日本興業銀行（現 みずほ銀行）に新卒で入社し14年ほど銀行員として勤務した後、これが自分の進む道ではないと感じ、プラス株式会社という文房具・オフィス家具の製造販売会社に転職し、物流、マーケティング、新規事業、経営、と色々な仕事をしていた。その後、さらに刺激を受けたいと、孫正義氏の後継者を育成するというソフトバンクアカデミアに応募した。入ってみたら孫さんに限らず、出会ったメンバーたちが面白く、のめり込んでいるうちにヤフーの経営陣とも親しくなった。

その頃、グロービス経営大学院やソフトバンクでリーダー開発の仕事を始めていたが、それを知ったヤフー前社長の宮坂学さんからヤフーでリーダー育成をやらないかと誘われ、ヤフーに転職してYahoo!アカデミアの学長となった。どんどん面白くなっていき、さらに自身の会社である株式会社ウェイウェイで様々な会社や組織でリーダー開発を行っているうちに、より低年齢から教育をやった方がいいよな、と考えるうちに武蔵野大学西本学長と出会い、誘われてアントレプレナーシップ学部を立ち上げ、学部長に就任した。今はZアカデミア（Yahoo!アカデミアから進化）学長、そして武蔵野大学アントレプレナーシップ学部学部長、そしてウェイウェイ社長として、三足のわらじを履《は》いている。

本書で書かれている「ダークホース的な成功」への過程は以下の通りだ。

1　自分の中の「小さなモチベーション」を見つける（Chapter2）
2　一般的なリスクは無視して、自分に合った道を選ぶ（Chapter3）
3　自分の強みを自覚したうえで、独自の戦略を考え出す（Chapter4）
4「目的地」のことは忘れて、充足感を今抱いているか自問する（Chapter5）

まず大事なことは、「小さなモチベーション」。この積み重ねで人は動く。「大きな情熱」「大きなモチベーション」ではなく、自分の中にある「おっ、ちょっとやってみるか」程度の「小さなモチベーション」がスタートである。

私は銀行員の仕事は自分にフィットしないなと感じ、実業を求めてプラスに転職し、更なる刺激を求めてソフトバンクアカデミアに入り、そのご縁でヤフーに転職し、ウェイウェイで仕事の幅を広げて、そして武蔵野大学の仕事が加わってきた。これはすべて「小さなモチベーション」に従って動いた結果の積み重ねだ。

そしてその過程においては、最初の転職が三十六歳と、一般的に限界といわれる三十五歳を超えての転職や、銀行業務から物流、事業統括から教育へと、仕事をガラッと変えることなど、自分の本能と直感に従って自分に合った道を選択してきたが、確かに一般的なリスクは無視した。というより、そもそも全く気にならなかった。例えばそこに転職したいと思う会社がある。先方も自分に期待してくれている。そこで、「一般論として、転職の限界は三十五歳」という説があろうがなかろうが、私の人生の選択には、全く関係ないわけだ。

ヤフーに転職してからは、どうもリーダーシップ教育が自分にとっては強みだぞ、ということを自分でも意識するようになった。そして、さらにここに突っ込んでいきたい、大学教育にも踏み込んでいきたい、と考えたときに、ロールモデルになるような人はもはやいなかった。だからこそ、独自の戦略で進めざるをえなかった。ロールモデルがいないからやらないではなくて、やりたい、がまず最初にくるから、自分で道を切り開くしかない。新しいものを創り出し世に出していく起業家たちは、すべてこのプロセスを経ている。そしてそれは当然のことながら、起業家だけが辿る道ではない。自分の道を進む全員が経験することだ。

こうなってくると、もはや自分でも「目的地」がどこかを予め想定することは不可能だ。大学教育の世界でリタイアするまでやりきるのか、実業の世界に戻るのか、はたまた別の世界に身を投じるのか、想定するだけ無駄だから、私は具体的な目的地を考えない。足元の目標を一つひとつクリアしていくのみだ。

本書を読んでみて、如何に自分がこの本で書かれている道筋をそのまんま辿っているか、痛感した。そして、その私が振り返ってみて、これは再現性あるものなのかと問われれば、こう答えるだろう。

この道筋は、再現性がある。

ただしそのために必要なことは、自分自身を見つめ、振り返り、気づきをえて、踏み出してみる、という活動を繰り返すことだ。それが自分だけのキャリアを生んできた、と私自身は強く感じている。そしてその部分も、本書で書かれている通りだ。

「こうすれば、成功できる」と言うつもりはない。私は「成功」しているわけではない。成功が何かもわかっていない。仕事をやめるその時まで、私は走り続けるだけだ。そしてそれは、「成功」を求めているのではなく、ただひたすら「充足」を求めているのだ。

ハーバード教育大学院の研究者である著者もダークホースのひとり

著者トッド・ロス、オギ・オーガスの略歴について触れておこう。二人とも順調なキャリアとはほど遠く、トッドは十七歳のとき高校をドロップアウトし同級生と結婚。二十歳になるまでに二人の子持ちに。ワイヤーのフェンスを売って家族を支える。その後、大学に入学するも、アイビーリーグなどではなく平凡な大学へ。

オギは四つの大学を五回ドロップアウト。九時—五時の仕事は続かず古本を売って歩いてしのぐ。二人ともいわゆる「標準化システム」においてはまさしく落ちこぼれだった。が、二人はそこから奮起して、ハーバード教育大学院で学者として活躍する。そして、そんな二人が取り組んでいるのが「ダークホース・プロジェクト」なのだ。

読者の皆さんも既に感じている通り、時代は「標準化の時代」から「個別化の時代」に変わってきている。社会全体として、明らかにそう変化してきているのは感じ取れるはずだ。しかし足元、ご自身を取り巻く環境はどうだろうか。

標準的な学力ばかりを競って偏差値の高い学校を目指している学生や保護者は多い。しかしこれからはその「偏差値が高い学校に入ること」の価値が、様々な価値のひとつでしかなくなる。社会が変わってきているのに、あなたのお子さんを「標準化システム」で最適化された「偏差値」というひとつの軸におけるレースに押し込めるのか。

そして、懸命に努力しなさい、この努力ができない子は「落ちこぼれ」なのです、とお子さんの勉強時間を監視し続け、そのレースの勝者とすることだけを目指すのか。

おそらくもう、それではこの社会を生き抜く力を育むことは不可能である。今はまだ、よく見えないかもしれない。周囲も「標準化システム」における「偏差値こそ大事」の価値観に何も考えずに従う保護者が多いかもしれない。もちろん、それも生き方だ。

でも、世界は確実に変わってきている。だから今、それを先んじて取り入れるチャンスなのだと私は思う。

社会人の世界ではどうだろうか。変化を取り入れながら、社員一人ひとりの持ち味や可能性に光をあててマネジメントする会社や組織も明らかに増えてきている。しかし一方で、枠組みを押しつけ、ルールの中で競わせ、出世という「目的」をぶら下げて社員に努力させ、レースに勝ち残る人を重宝し、負けた人には我慢することを強いる、場合によっては去ってもらうような会社も、まだまだ多いのではないだろうか。

それは、ひどい会社なのではない。「標準化システム」の中では最適化されていたスタイルなのだ。

でも、世界は確実に変わってきている。だから今、その変化を先んじて会社として取り入れ、社員一人ひとりも、会社の枠組みに従うだけでなく、自分の生き方を問う、すなわち自分自身の「小さなモチベーション」に向き合うことで「個別化の時代」に踏み出すチャンスなのだと私は思う。

その変化を感じ取ったあなたにとって、本書を読み一歩踏み出すことは、リスクではなくチャンスでしかない。あなたらしく、あなたにとっての充足感を目指し、あなたの小さなモチベーションを大事にして、自分をリードしていく。それが、あなたらしい最高の人生への第一歩だし、その先には「ダークホース」的な成功の世界が待っている。

さあ、踏み出そう。成功に向けて、ではなく、あなた自身の充足を求めて。

contents

2
Chapter

「自分が好きなこと」を掘り起こせ
――【ルール①】大事なのは、「大きな情熱」よりも「小さなモチベーション」

3 Chapter

「自分に合った道」を選択する

――【ルール②】一般的なリスクは無視していい

4 Chapter

独自の「戦略」を考え出す

――【ルール③】一見風変わりな方法も自分には「正攻法」になる

5
Chapter

人生の目的地に到達するには、目的地を探してはいけない

――【ルール④】「目的地」のことは忘れて、充足感を今抱いているか自問する

7 Chapter

世界は確実に変わってきている！
――「充足感」の追求こそ個人の使命

Conclusion

「個人の幸せ」を追求すれば、周りも幸せにできる

編集協力◎リリーフ・システムズ

breaking the mold

Introduction

そんな古い「成功法則」をまだ信じているのか

その裏には、ある思考が確かに存在している。
それは、実に単純明快で美しく、
何者をも納得させる考えだ。
だから、十年後、百年後、あるいは千年後に、
われわれがそれを理解できたとき、
誰もがお互いに言い合うだろう。
「どうして、違う考え方があり得ただろう？」と。

――ジョン・アーチボルト・ホイーラー（物理学者）

Introduction

breaking the mold

型破りなルートで活躍するようになった「普通の人々」の共通点

高校中退のシングルマザーが「新惑星発見」の快挙

ジェニーは彗星のごとく天文学の世界に現れた。

二〇〇五年、ジェニー・マコーミックはニュージーランドのオークランドにあるファームコーブ天文台で十インチの反射望遠鏡を使い、一万五千光年かなたにある未知の太陽系惑星を発見する。その二年ほど後には、また別の驚くべき快挙、新しい小惑星の発見を成し遂げ、ジェニーは愛国心から、この小惑星を「ニュージーランド」と名づけた。数々の(権威あるサイエンス誌を含む)学術誌に二十本を超える論文を共著者として投稿している。

しかし、彼女の数多くの偉業の中で、あまり知られていないことではあるが人々が最も深い感銘を受けるのは、ジェニーがどの大学の卒業証書も手にすることなく、世界的に尊敬される天文学者になったということだろう。実はジェニーは、大学どころか、高校すら卒業していない。

ジェニーはワンガヌイという川沿いの町で母の手ひとつで育てられた。当時を思い出し彼女は、「学校には全然なじめなかったの」と言う。

「情緒不安定な女の子だったの。自分の外見が嫌いで、履いている靴まで嫌いだった。強情だったし、親の言うこともあまり聞かなかった。とにかく、あそこから脱け出したかったの」

十五歳のとき、ジェニーは高校を中退し、馬小屋掃除の職についた。それからまもなく、母親がジェニーを置いて家を出て行き、やむなく自立しなければならなくなった。高校卒業認定試験を受験したが不合格に終わる。二十一歳になる頃には、母と同じくシングルマザーになり、幼い息子を育てるために、ファストフード店でウェイトレスとして働いた。控え目に言っても、将来の見通しは暗かった。

その後、ジェニーに転機が訪れる。

二十代半ばのある日、ジェニーは親戚の家に泊まりに行った。休火山のカルデラ盆地のはずれ、夜空に街の明かりが届かないところだった。ジェニーは双眼鏡を手渡され、「田舎でしか見られないものが見えるよ」と勧められるままに双眼鏡を覗き込む。そこに見えたのは天の川。「今でもはっきり覚えているわ。夜露に濡れた草に寝ころんで、双眼鏡で空を眺めたの。とにかく『うわー、なんてすごいの！』としか言葉が出なかった」とジェニーは思い出を語る。

「夜空に広がる無数の星に圧倒されてね。一瞬で私は夢中になってしまったの！　星のことなんてまるっきり何も知らなかったけど、どうにかしてもっと知りたいって思ったのよ」

この「星の啓示」に突き動かされ、ジェニーは天文学について学び始める。科学的な知識も教育的なバックグラウンドもほとんどない状態からのスタートだったが、根気よく学び続け、しだいに大型の望遠鏡を使って正確な観測ができるようになった。

独学を十一年間続けた末に、一九九九年、ジェニーは自宅のテラスにドーム型の天文台をつくる。廃棄された器具や錆びついた部品を寄せ集めてつくった、裏庭の「ファームコーブ天文台」の誕生だ。

そして、この天文台の完成から五年後、ジェニーは「重力レンズ効果」と呼ばれる現象を活用した高度な観測技術を取り入れ、木星の質量の三倍もある太陽系外惑星を観測した。こうして、ウィリアム・ハーシェルが一七八一年に天王星を発見して以来、アマチュアとして初めて新惑星発見の快挙を果たしたのだ。

全米ファッション界の寵児が辿った独自の道

もうひとり、彗星のごとくオーダーメイド紳士服業界に登場した人物がいる。その名は、アラン・ルーロー。雑誌『タウン&カントリー』で全米トップの紳士服テーラーに選出され、大物経営者・有名人・プロのスポーツ選手たちの衣装を手掛ける人物だ。

経営するブティック「アラン・ルーロー・クチュール」は、ボストンで最もおしゃれなニューベリーストリートにあり、ここを拠点に、一流ホテルの最高級テーラーとして活躍している。アランは「高級服地の巨匠」と呼ばれ、あらゆる最高級ブランド布地が、彼の手によって最新ファッションへと姿を変える。アランの類いまれな才能は、計算しつくした正確さと、個々の布地特有の性質についての極めて深い知識、さらには、この仕事で見落とされがちな側面のひとつ、顧客を理解しようとする姿勢からなる。

「服を仕立てるのに知っておかなければならないことは、まず、顧客一人ひとりの性格、年齢、肌の色合い、職種、ライフスタイル、そして特に、内に秘めた願望だよ」とアランは説明する。「顧客がどういう人なのか、だけではなく、どういう人になりたいと思っているのかを知らなければならないんだ」

大らかで自信に満ちた物腰と、いたずらっぽい性格がアランの魅力だ。客はおのずと心を開き、自分自身をさらけ出すようになる。たとえ、日頃から気配りの行き届いたサービスに慣れ、好みにうるさい審美眼の持ち主であっても。

職人の世界では、一流の域まで達するには、生涯かけて精進しなければならないと考える人もいるだろう。実際、アメリカの高級テーラーの大半が、何世代にもわたって特注のアパレル業を営む家系の出身か、あるいは、ヨーロッパから移住してきた良い家柄の子息のどちらかだ

（幼年期から見習いとして修業するのが普通と考えている人たちだ）。

アランは、このどちらの道も辿っていない。

アランは、マサチューセッツ州の中央部にある、低所得者の町レミンスターで六人兄弟のひとりとして育った。高校を卒業すると、サウスイースタン・マサチューセッツ大学に進学したが、子沢山の家庭だったため、両親はアランの学費を払えなくなった。なんとか自力で学費をつくろうと、アランはいくつものアルバイトを掛けもちする。日中は大学の授業を受け、夕方はガソリンスタンドで給油係、夜明け前は宅配便のトラックに荷積みをする、など。しかし、バイトで疲れ果て、学校の授業について行けなくなった。そこで、一旦休学して、充分な学費ができてから復学しようと決める。

様々な仕事についたが、最終的に、ガードナーという製造業の町でバーテンダーとして働くことになり、安い生ビールを大学生や肉体労働者に注いで日々を過ごした。何らかの専門職を目指すには、あまり希望のもてる基盤とはいえない。

しかし、資産も人脈も乏しいアランには、それを補う能力が備わっていた。優れた社交術と、ビジネスに対する鋭い直感だ。アランが働いていたバーの経営者が、突然、店を売りに出さなければならなくなったとき、この事業を買い取るチャンスをアランは逃さなかった。資金のない二十歳の若者に過ぎなかったが、銀行を説き伏せ、バーの買収に必要な融資を取りつけたのだ。このとき、アランは銀行に「僕は社交術に長《た》けているから、店の新しいオーナーとして必ず成功する」と主張して、実際その通りになった。客足が伸び、利益も増え、やがて融資の返済を完了する。

ところが、アランはそこで止まらなかった。バーの入っていたビルを買い取り、不動産会社を興したのだ。四階建ての賃貸マンションのビルを買い、さらに、別のビルも買ってレストランに改造する。また、別の町のスポーツクラブ内のバーも買い、その後、クラブそのものも買収する。もともとは大学の学費を払うために夜の仕事を始めたのに、事業家としてビジネスを成功させ、二十八歳になる頃には、アランは小さな町に〝ビジネス帝国〟を築き上げていた。

人から羨《うらや》ましがられるほどの成功を収めたにもかかわらず、アラン自身は人生に何か大切なものを置き忘れてしまったような不安を覚えていた。それから二年ほど経ったある朝、アランは鏡に映る自分を見て、ふと気づく。

「これは、本当の僕じゃない。僕には、もっと別の何かがあるはずだ」と。

周りにいる誰もが驚くほどの行動力で、アランはすべての事業を素早く売り払い、ボストンに移り住む。この新天地でアランが腕試しをしたのは、彼を最もよく知る人々でさえ予想もつかない仕事――紳士用のスーツづくりだった。

完全に異なる業種への転換だが、これによってアランの心にあった虚しさはすっかり消え、オーダーメイドスーツを仕立てる技を身につけるために、脇目もふらず邁進した。三十五歳のときには、初めて全米ファッション界の賞を獲得し、その後も多くの賞を受賞している。アラン・ルーロー・クチュールが、国内で有数の一流テーラーとして押しも押されもせぬブランドになるのにはそんなに時間はかからなかった。

＊

アランとジェニーの辿った道は、これまでの〝定型〟を覆すものだ。天文学者として成功するには、博士の学位を取得し、名のある大学で博士課程修了後の研究期間を終え、終身制の教授職に落ち着くというのが普通である。オーダーメイドのテーラーとして成功するには、若いうちからファッションへの情熱を抱き、そのままコツコツと着実に腕を磨き、ひとりの師匠の下で何年も修業を積むというのがお決まりのルートだ。

ジェニーとアランは、どこからともなく突然現れ、そのずば抜けた才能を独自の流儀でその世界に認めさせた。

このように予想を覆して勝利する人々、今まで見向きもされなかったのに突然快進撃をはじめ勝者となる人を表す言葉がある。

それが、**「ダークホース」**だ。

「ダークホース的な成功法則」は特殊すぎて真似できない？

「ダークホース」という言葉は、一八三一年に小説『The Young Duke』が出版され、初めて庶民の間で使われるようになった。このイギリスの小説のなかで、主人公が競馬に行き、ある馬に賭けて大損をするが、それは「誰も予想すらしなかった、未知の馬ダークホース」が勝ったからだった。

このフレーズがたちまち流行し、やがて「ダークホース」だけで、「予想外の勝者」という意味を表すようになった。つまり、チャンピオンの〝標準的なイメージ〟に合致しないために、勝利の瞬間まで見向きもされていなかった勝者を指す言葉になったのだ。

この言葉ができてからというもの、常にダークホースはわれわれにとって特別な存在となった。ダークホースたちが成功を果たすまで、われわれが彼らに注目しないのは当然のことだ。そして、彼らが成功した途端、その型破りのサクセスストーリーにわれわれは興味をかき立てられ、魅了される。

そうは言っても、彼らから何かを学んで、それを自分の人生に有効に適用できそうだとは、めったに考えない。ダークホースたちが成功したのは、奇跡的に幸運と巡り合ったからであり、極めて場当たり的だと受け止めるからだ。

ジェニーやアランのようなダークホースの粘り強さと気概に、われわれは称賛の拍手を送るが、その転身ぶりがあまりにも異例であるために、それを見倣って同じ道を辿ってみようとは思わない。むしろ、既存のスタンダードな「成功法則」をなぞっていくほうが賢明だと考え、世界に名だたるモーツァルトやウォーレン・バフェットやタイガー・ウッズのような人物像に迫ろうとする。

モーツァルトは八歳で交響楽を作曲し、バフェットは十一歳で株を買い、ウッズは六歳でゴルフのトーナメントを制した。人生の早いうちから、自分の進みたい道を自覚し、そこへ辿り着くまで長い時間をかける覚悟もできていたのだ。

こういう従来型の大物たちは、一般的に真似しやすい成功戦略を示しているように思われている。つまり、明確な目標（目的地）を設定し、懸命に取り組み（とてもとても懸命に）、いかなる障壁に直面しようとも目的地に到達するまでコースから外れるな、と。

このスタンダードな「成功法則」は、教育者や雇用主や親や科学者から「個人の能力を伸ばすうえで、最も信頼できる方式」として大いにもてはやされている。これとは対照的に、ジェニーやアランのようなダークホースたちの場合は、いわば渦巻き状の曲線で人生が進んでいくので、誰にでも当てはまる成功法というよりも、面白味のある偶発的な出来事として片づけられてしまっているようだ。

しかし、もしこれが真逆だとしたらどうなのだろう？

既存の「成功法則」は賞味期限切れ！

人類には、互いに成功するためのアドバイスを与え合ってきた長い歴史がある。良い人生にするための教訓集、すなわち、学者の間では「成功哲学書」と呼ばれ、世間一般では「自己啓発書」と呼ばれるものは、哲学と同じくらい古くから存在する。

アリストテレスも孔子も聖アウグスティヌスも、揃って繁栄の秘訣を書物にまとめた。われわれは、こういう古代の賢人から授かった助言のほとんどが、どの時代に生きる人にとっても貴重な教えとなってきたに違いないと思いがちだが、実は、そうとは限らない。**「成功法則」にも賞味期限があるのだ。**

役に立つアドバイスは、実用的で明確なものであるがゆえに、時代とともに大きく変化するのだ。

私たちが生きるこの時代は、二十世紀初頭に幕開けした。西洋社会が、工場生産を基盤にした製造業経済に移行した頃であり、一般に「産業化時代」と呼ばれているが、近頃では**「標準化時代** (the Age of Standardization)」と呼ぶ傾向が強まっている。

工場の組立ライン、大量生産、組織階層、さらには、義務教育までもが一般的になり、その結果、消費者向けの製品や仕事、卒業証書などの、日々の生活に欠かせないもののほとんどが標準化された。

他のどの時代とも同様に、標準化時代もまた独自の「成功の定義」を生み出した。**「出世の階段を登ることによって、富と地位を獲得すること」**という定義だ。

この新しい概念をもとに、自己啓発書が続々と刊行される。デール・カーネギー著の『人を動かす』（一九三六年）、ナポレオン・ヒル著の『思考は現実化する』（一九三七年）、ノーマン・ヴィンセント・ピール著の『積極的考え方の力』（一九五二年）などだ。これらの書籍では、上昇志向のある人々、つまり組織の上層部を目指す個人にとって役立つ習慣や技術が強調されている。

「標準化時代」は、また、自己啓発と科学とを結合させ、成功への手順を一本化した初めての時代として特徴づけられる。二十一世紀になると、ニューヨークタイムズ紙のベストセラー作家や超一流の社会科学者たちが、こぞってスタンダードな「成功法則」を絶賛するようになった。

また、**「自分の目的地を知り、それに向かって懸命に取り組み、コースから外れるな」**というメッセージは、何世代にもわたってわれわれの胸に深く刻まれ、これこそが豊かな人生を確保するための最も信頼できる方策なのだと信じて疑わなくなった。こうした助言は、一見すると、議論の余地がまったくなく、逆らうのは危険で愚かなことのように思われがちだ。実際、最近の書物の多くが「このスタンダードな成功法則は、人智の極みとして永遠不滅である」とまで評価している。

本書は、そうではない。本書『Dark Horse 「好きなことだけで生きる人」が成功する時代』は新たな「成功法則」が必要とされる時代が既に始まっているという確信に基づいて書かれている。

映画、本、動画……「個人の好みのモノ」が不気味なほどオススメされる社会

われわれは、Netflixからは楽しめそうな映画が、Amazonからは読んでみたくなりそうな本が（薄気味悪いほどの正確さで）薦められる世界に住んでいる――YouTube、オンデマンド・テレビ、個別化されたGoogle検索結果、カスタマイズされたニュース・フィード、Facebook、Twitterなどの世界だ。

このようなテクノロジーには、共通する特質がある。それは個人の興味や関心、行動に合わせてサービスを最適化する**「個別化（個人化）されたサービス」**という点だ。しかし、この目覚ましい勢いの個別化テクノロジーは、社会のいたる所で起きている様々な変動のほんの一部に過ぎない。

われわれの社会は今、まるごと**「個別化の時代**（the Age of Personalization)**」**を迎えようとしているのだ。

こうした個別化（個人化）への移行は、われわれの健康管理の面でも進んでいる。多くの医師が、一人ひとりの患者に最も適したがん治療を処方するようになった。一般的に有効な治療ではなく、患者固有の生理機能・健康状態・ＤＮＡに適した治療だ。また、個人の代謝機能や健康上の目標に合った食事療法を提案する栄養士も増えている。たとえば、アメリカ食品医薬品局が薦める日々の食事メニューなどの、画一的な栄養指導はもう時代遅れなのだ。さらに、健康状態を各自でモニタリングする風潮が急速に高まり、スマートウォッチ、遺伝子検査キット、健康管理アプリが続々と登場している。

この個別化への移行は、われわれの職場でも起きている。社会全体は既に、階級制のある安定した大企業に支配された産業経済から、フリーランサー・個別請負業者・自由契約者などが多く活躍する**「情報とサービスの経済」**に移行している。今ではもう、ひとつの会社に生涯かけて勤務するなど考えられず、むしろ、十数回転職するのが普通だ。なかには、われわれが生きているうちに、勤めていた組織が消滅する場合さえある。

われわれの学び方も働き方も生き方も、画期的な変化を遂げつつある。しかも、それぞれの変化は互いに無関係のように見えながらも、実はすべてがひとつの概念に根差し、それが「個別化の時代」の到来を加速させているのだ。

「個性が重要なのだ」という概念だ。

「あなたにとって、成功を収める最善の方法は？」

個性が重要だという確信は、人々の間でますます強まり、それにともなって、人々の「成功」に対する考え方も変わってきている。

二〇一八年に、非営利のシンクタンクが全米で三千名近くの男女を対象に、「成功に対する見方」について意識調査を実施した。「社会が定める成功の定義に含まれるものは？」という問いに対しては、「富」と「地位」の二つが最も多い回答だったが、「この定義に同意するか？」という問いに対しては、十八パーセントだけが「完全に、または、ほとんど社会と同じ見方だ」と答え、四十パーセントが「これまでの人生を通じて、しだいに社会の見方からかけ離れてきた」と答えている。これとは対照的に、回答者の圧倒的多数が**「成功を個人的に定義するとしたら、幸福感と達成感が何よりも重要だ」**と断言した。

このような成功に対する社会的な見方と、個人的な見方との違いが最も顕著に表われたのは、「どんな人が最も成功していると見なされるか？」と問われたときだ。七四パーセントが、「社会の定義によると、実力のある人」と回答し、九一パーセントが「個人的な定義によると、目的意識のある人」と回答した。言い換えれば、**「他人のことについては、金と力が成功の要件だが、自分自身については、個人的な充足感や達成感を成功の要件と見なす」**ということだ。

しかし、新しい形の成功を望んでいるからといって、それをどう手に入れたらいいのかわかっているわけではない。**「個人軸の成功（personalized success）」**を収める人生への欲求は高まる一方だが、それに対して科学的な研究が追いついていないのが現状だ。

なぜならば、**成功に関する学問が頑なに従来の「標準化の時代」に留まっているからだ。**約一世紀もの間、ほとんどの研究者が、成功に関する画一的な理念だけを探求してきた。もっともらしい質問を執拗に繰り返していたのだ。**「成功を収めるのに、最善の方法は？」**と。

本書の著者である私たちトッドとオギの二人は、違う角度からアプローチした。科学者として、二人は**「個性が重要なのだ」**という共通の信念のもとに、協力し合うようになった。よい社会を築くためには、一人ひとりがもつそれぞれの資質を最大限に生かされなければならないと、私たちは信じている。

どこの誰か、どういう生い立ちなのかは一切関係なく、それぞれのもつ能力を生かすことこそが重要だ、と。私たちが取り組む研究は、世界中の人すべてがその一人ひとりの能力を完全に生かせるようになるには、**「個人を理解し、個人に決定権を与えること」**が最善の方法だという前提に基づいている。

この信条に基づき、私たちは少しだけ違う質問を投げかけた。
「あなたにとって、成功を収める最善の方法は？」と。

その答えを見つけるために、私たちはダークホースたちに目を向けたのだ。

ハーバード教育大学院研究員と神経科学の専門家の「ダークホース・プロジェクト」

研究の対象としてダークホースたちを選んだのは、これまでの学術的な慣例に従ったからではない。彼らを研究に使った例は一切ないのだ。実のところ、科学的な文献を調べても、型破りな成功をした人たちについての本格的な調査は、まったく見つからなかった。

私たちがダークホースを研究しようと決めたのは個人的な理由からだ。

私たち自身が二人とも、苦労の絶えない人生を送り、「標準化時代」に脇道にそれた人間だったからだ。

二人とも順調なキャリアとはほど遠く、トッドは十七歳のとき高校をドロップアウトし同級生と結婚。二十歳になるまでに二人の子持ちに。ワイヤーのフェンスを売って家族を支えた。その後、大学に入学したが、アイビーリーグなどではなく平凡な大学だった。

オギは四つの大学を五回ドロップアウト。九時—五時の仕事は続かず古本を売って歩いてしのいだ。二人とも「標準化システム」においてはまさしく落ちこぼれだったのだ。

おそらく、私たちが研究者になれたのは、単なる強運によるのだろうが、ひとつだけ確かなこととして言えるのは、**「なんらかの成功を私たちが手中に収めたとしたら、それはすべて、既存のゲームのルールを破ったからに他ならない」**ということだ。反抗心や思い上がりからではなく、あくまでも仕方がなかったからだった。ルールに従おうと何度も試みたのに、ことごとく失敗に終わったのだから。

このことに気づいた私たちは、ダークホースなら自力で成功する方法について特別な参考データを提供してくれるのではないかと直感した。仮に、誰にでも——どこの誰だろうと、どういう生い立ちだろうと——通じる新しい「成功法則」が実際にあるとしたら、システムから外れて成功した達人の生き方のなかに、その答えは見つかるだろうと考えたのだ。

こういうわけで、私たちは**「ダークホース・プロジェクト」**を立ち上げた。

ありとあらゆる分野の専門家にインタビューを開始した。応じてくれた人々の中には、オペラ歌手、犬の調教師、美容師、花屋の経営者、外交官、ソムリエ、大工、操り人形師、建築家、遺体整復師、チェスの名人、助産師などもいた（そして、天文学者とテーラーも）。

私たちは固定観念を押しつけたりせず、ただひたすら彼らの話に耳を傾けた。それぞれの達人が、どのような道を辿ってプロとして一流になったのか、本人の言葉で語ってもらった。

私たちはすぐに、多くの達人が学校では落ちこぼれだったり、中退していたりしたことを突き止めた（前述したジェニーのように）。インタビューした面々のなかには、一流大学院を退学したＡｐｐｌｅ社の幹部社員も、大学に一度も行かなかった熟練パイロットもいた。また、現在は海洋哺乳類の調教をおこなう国際的な組織のオーナーでありながら、ディズニー映画で最長のキャリアをもつ声優でもある人物は、子ども時代に学校に行かず、家庭教師から勉強を教わっていたという。

もともと学校や仕事で優秀だったダークホースもいるが、彼らは突然、（アラン・ルーローのように）まったく違う職種に転向していた。

インタビューに応じてくれたダークホースの誰もが、型破りなルートを辿って成功している。まさしく、定義通りだ。しかし、私たちが答えを必要としていたのは、この問題だった。「ジェニーやアランや他のダークホースたちに、何か別に共通する点はあるのだろうか？　なんらかの特質があって、**彼らが皆、通常とは違うルートでその才能を開花させたとしたら、その特質とは何なのだろう？**」

特別でない「普通の人々」が、ある日ダークホースになった理由

きっと皆さんも私たちと同じように、どのダークホースたちにも特定の資質が備わっているに違いないと考えるのではないか。たとえば、社会に対する反骨精神が真っ先に思い浮かぶかもしれない。おそらく、ほとんどのダークホースが、結局は並外れた性格の一匹オオカミであり、要するに、天下に名を成して世間を唸らせたい一心で突っ走る反逆者なのではないか、と。

私たちが見つけたものは、それとは全然違っていた。

ダークホースたちの性格は実に多様で、まったく系統だっていない。結果的に、色々な人間をランダムに抽出してサンプリングしたのと変わらない多様さだった。大胆で挑戦的な人もいれば、恥ずかしがり屋で謙虚な人もいる。好んで破壊的な態度をとる人もいれば、融和的な態度が心地いいと感じる人もいる。ダークホースたちは、性格では一括りに定義できない。

さらに言えば、特別な意欲によっても、社会経済的な背景によっても、それぞれの研究や技能を極めるアプローチの仕方によっても、定義できない。ところが、ひとつだけ、どのダークホースにも共通する点がある。しかも、それは見逃しようのないことだった。

彼らは「充足感」(fulfillment)」を何よりも大切にしているのだ。

そもそも「充足感」は科学的研究のテーマになるか?

「ダークホース・プロジェクト」を開始したとき、「充足感」がキーワードになるとは思ってもみなかった。特別な、おそらくは特異な学習方法なり習熟テクニックなり演習方法が見つかるだろうと期待していたし、ダークホースたちが活用した手法を知りたいと思っていた。研究者として、数値で表しにくい曖昧で気分的なことは避けるように、私たちは叩き込まれてきた。なかでも、**「個人的な充足感」**はつかみどころのない事柄だ。しかし同時に、どれほど予想に反する証拠であれ、見つかった証拠を無視するな、とも教えられてきた。

多くのダークホースたちが、はっきりと**「充足感」**という言葉を口にした。加えて、強い

「目的意識」について語る面々もいたし、仕事への**「情熱」**、あるいは、自分が成し遂げたことに対する**「誇らしい気持ち」**を語る人もいた。少数ではあるが、**「本物の人生」**を送っていると言った人もいる。自ら**「これは天職だ」**と言い切る人もかなりいたし、ひとりなどは（声をひそめて、厳粛な口調で）**「夢のような人生だ」**と打ち明けてくれた。

普通の人と同じように、彼らも我が子を寝かしつけるのに苦労しているし、車のローンに追われている。そのうえ例外なく、さらなるキャリアの向上を目指している。しかし、朝は目覚めると仕事に向かうのがワクワクするほど楽しみだし、夜は自分に満足して眠りにつくのだ。この発見がきっかけで、私たちは最も大切なことに気づかされた。

さらに深く掘り下げるにつれ、ダークホースたちの充足感が偶然ではないことが明らかになった。それは彼らの選択だったのだ。この**「充足感の追求**（the pursuit of fulfillment)**」という、何よりも大切な決断こそが、ダークホースを究極的に定義づけるもの**なのだ。

仕事で成功したのに不幸な人生を送っている人

ダークホースたちが何よりも「充足感」を優先させて人生の選択をするという事実は、われわれが普通、「どうすれば充足感が得られるか」ということについて考えるときの考え方と明らかに異なっている。

われわれの場合は、これと決めた仕事で成功して初めて幸福感は得られると思い込んでいる。つまり、**充足感は目標を達成した見返り**なのだ、と。しかし、あなたの知り合いのなかに、仕事で成功しながらも、不幸な人生を送っている人がどれだけいるか数えてみたらどうだろう。

私たちの友人のひとりは高収入の顧問弁護士だが、口を開けば絶えず不満をもらしている。「毎日の単調な仕事がつまらなくて、やる気が起きない。違う道に進めば良かった」と。また別の友人は内科医で、経営する医院も繁盛しているのに、自分の仕事が退屈で仕方ないから、旅行や趣味で気持ちを紛らわしていると言う。

従来の「成功法則」を高らかに掲げる制度や学者たちの謳い文句は「自分の目的地を知り、懸命に取り組み、コースから踏み外さなければ、いずれ目的地に到達し、そのときに充足感は得られるだろう。学位を取得し、立派な職業に就けば、その後に幸福がついてくる……なんらかの幸福が」である。

標準化時代は、この**「成功を目指して努力を重ねれば、いずれ充足感を得る」**という基本理念に具体的な強制力をもたせてきた。何世代にもわたって、われわれはこの理念を受け入れてきたが、ついに今、それを一斉に放棄しようとしている。その理念が約束するものがいかに虚しく響くか、「個別化の時代」の到来によって気づき始めたからだ。

そして、この画期的な時代の移り変わりを推進しているのが、ダークホースたち――シナリオをひっくり返して、真逆の真実を実際の生き方で証明したダークホースたちだ。「ダークホース・プロジェクト」で明らかになった、ジェニーやアランや他の思いも寄らない名士たちのストーリーにつける大見出しとして、最もふさわしいのは、「成功の追求が、彼らに充足感をもたらした」ではない。

「充足感の追求が、彼らを成功に導いた」である。

「充足感」が先。成功は後からついてくる

最初は、私たちも戸惑った。一体、どうやってダークホースたちは（例外なく）充足感を優先させて成功したのだろう？

しかしインタビューを続けるうちに、私たちは気づき始めた。その答えは、そもそも私たちがダークホースたちに目を向けようと決めた理由のなかにあった、と。

「彼らの個性」だ。

充足感をもたらす環境は、人それぞれに異なる。一個人の興味・関心・必要性・欲求はそれぞれに異なるからだ。ダークホースたちは**「何かに成功すること」で充足感を得たのではなく、「自分自身にとってかけがえのないことに熱心に取り組むこと」で充足感を得た**のだ。

ジェニー・マコーミックは、望遠鏡から遠い宇宙を見つめるなかで充実感を味わい、アラン・ルーローは、スタイリッシュな洋服をつくるなかで充実感を味わっている。もし仕事を交換したら、まず間違いなく、二人とも今ほどの幸福を感じないだろう。

充足感は、決して画一的ではないのだ。

どう生計を立てるかということになると、人はよく「したいこと」と「しなければならないこと」のどちらかを選ばなければならないと思いがちだ。ダークホースたちは、それが誤った選択であることを教えている。それぞれの個性を生かすことによって、彼らは素晴らしい能力と喜びの両方を獲得しているのだ。

また、本当の自分に最も合いそうな環境を選択することによって、それぞれの才能を開花させるうえで最も効果的な環境を確保したのだが、それは、充足感を得る仕事に邁進すれば、自分のパフォーマンスを最大限に伸ばすことができるからだ。このように、ダークホースたちは「個別化の時代」に適した「成功」の新定義――個性は真に重要なのだ、ということを改めて認識させる定義――をわれわれに示してくれている。

「個人軸における成功とは、充足感を追い求め、成功に到達すること」という定義だ。

「世界一」ではなく、「最高の自分」になる方法

個別化の時代は、まばゆいほどの素晴らしい人生を約束しているように見えるが、実際にその時代が迫ってくるにつれて、人は自分の立ち位置を見失ったり、恐怖を感じたりすることもあるだろう。あまりにも激しい社会変動に直面すると、われわれは本能的に安定を求め、古い

しきたりに、つまり、「標準化時代」に約束された型通りの生き方に戻ろうとするものだ。古いしきたりが、われわれに完璧に合わなくても、少なくともなじみはあるし、先の予測もできる。しかし、**古いルールに従うことは、もう安全な方策ではなくなっている。むしろ、そのルールでは確実に時代に取り残されてしまうのだ。**

われわれを取り巻く世界は、目まぐるしいほどの勢いで急速に変化している。制度やしきたりなども流動化するほどの勢いであり、そのために、人は不安と混乱に陥っている。しかし実は、この混迷する変動期にこそ、とてつもなく明るい未来が約束されているのだ。ついこの前まで単なる願望でしかなかったことが実現可能になり、かつては単に可能性の話であったことが、ダークホースたちによって具体的に実現された。ほどなく、個別化が社会の隅々まで行き渡り、単に実行に移すことが何よりも不可欠となるときが来るだろう。

幸いなことに、あなた方は「個別化の時代」に救われるのを待つ必要はない。今すぐ、充足感と成功を目指して歩み始めることができる。ダークホースたちの成功は、この混迷する新世界の只中でも見事な勝利を収める方法を示すだけではなく、あなたを閉じ込める古い強固なシステムに対抗しなければならない場合に、どのように自分の優位性を保てるかも示している。

既成概念を打ち破る立役者たちは、個人軸の成功が「誰と知り合いか」「金をいくらもっているか」「ＳＡＴテストでどれだけの成績を取ったか」によって決まりはしないことを証明している。もはや、出世の階段の一番上の段が成功の予約席ではない。本質的な意味で、個人軸の成功は万人にとって到達可能なところにあるものだ。

充足感と成功を獲得するための重要な鍵は、**「自分の興味や関心、能力に合わせて環境を選ぶ権利をもっていることに気づく」**ということ。この発想は次のように言い表せるだろう。

「個性を生かして、充足感と成功を目指せ」

＊＊

本書『Dark Horse 「好きなことだけで生きる人」が成功する時代』は、何よりもまず、ダークホース的な考え方をするための手引書である。この後に続く各章で、「ダークホース・プロジェクト」から得た教訓を伝え、どのように読者一人ひとりが個性を生かし、それぞれの充足感と成功を獲得できるか、具体的に解説する。

私たちの目標は、あなたを「世界一」にすることではなく、私たちはあなたが自分自身のことを「最高の自分」であると思えるようにしたいと考えている。

ここに登場するダークホースたちは、サクセスストーリーの引き合いに出される華々しい有名人の類いではない。これからの章で、あなた方が目にするのは、スティーヴン・スピルバーグやセリーナ・ウィリアムズやスティーブ・ジョブズの分析ではなく、スピルバーグの下で働く助監督や、スティーブ・ジョブズが最初に雇った人物、元ホワイトハウスの政務責任者で現在はプロの収納オーガナイザー、経営コンサルタントをやめて夕食クラブを始めた女性などの人生だ。

「ダークホース・プロジェクト」によって明らかになったのは、世界的に有名な成功者よりも、むしろダークホースたちが辿った道から多くを学べるということだ。見過ごされがちな彼らの勝利から、どうすれば（経済的に恵まれた人や一部のエリートだけではなく）誰もが「個人軸の成功」を達成できるのかが説き明かされ、さらに、充足感が、「清貧の誓い」や「苦難に満ちた人生」を自分に強いることなく追求できるかが解明される。

充足感の追求こそ、最高の人生を歩むチャンスを最大限に増やすことになるのだ。

あなたが仕事に行き詰まりを感じていようと、あるいは、人生の一歩を踏み出そうとしていようと、既に自分の天職を見つけたと思っていようと、方向性を見失い、ただ流れに身を任せている気分であろうと、このダークホース的な発想は、あなたの情熱を煽り立て、目的意識と達成感に満ちた人生へと導くだろう。

1 Chapter

the standardization covenant

自分を縛る「見えないルール」に気づくこと

――なぜ、「人生が順調」でも満たされないのか？

巨大な組織の支配権をもつ者は、
あまりにも抽象的な考えに陥りがちであり、
また、そもそも人間がどういうものか忘れがちであり、
システムを人に合わせようとせず、
システムに人を合わせようとしがちでもある。

――バートランド・ラッセル

1
Chapter
the standardization covenant

「他の皆と同じでいい。ただ、他の皆より優秀でいなさい」

「なんか違う……」人生への〝小さな違和感〟はサイン

イングリッド・カロッツィは、ニューヨークで最も称賛されるフラワーアーティストのひとりだ。豪華な生花アレンジメントを、上流社会の結婚式やバーバリーの主要店舗、そしてスウェーデン王室に提供している。彼女を〝遅咲きの花〟と呼ぶ人もいるだろう。これほどの成功を成し遂げるとは、以前の彼女を知る人は誰も予想しなかったからだ。実は、一番予想していなかったのが、イングリッド本人だった。

三十代半ばの頃、イングリッドは契約社員として、マンハッタンの広告会社に勤めていた。それまでも仕事が肌に合わず、色々と転職を繰り返し、この会社が最後の勤め先になる。以前の職種は、航空会社の乗務員、英語教師、カジノのディーラー、ウェイトレスなど。もともとは社会人類学専攻の学生だったが、五つの大学を転々とした挙げ句、どの大学も卒業にいたらなかった。彼女なりにそれぞれの職種に真剣に挑んだのに、プロとしての成功から常に見放されていた。

「イングリッドはもっとガマンすることを覚えなきゃダメだ」と多くの人から言われたそうだ。「ひとかどの人間になりたければ、ひとつのことに集中して打ち込まなければならない」と彼らは助言した。しかしイングリッド自身は何事も懸命に努力していた。広告会社に就職する頃には、本当の問題は単に勤勉さ云々ではなく、基本的に自分の居場所が見つからないのが問題だと思うようになる。

「ずっと一本の真っすぐな道から逸れないようにしていたわ。だって、それが最終的に自分に合う場所を知る方法だと思っていたから」とイングリッドは言う。

「でも、真っすぐな道を進むたびに、何ひとつうまくいかない気がしたの」

ほとんどのダークホースが、イングリッドと同じような気持ちを打ち明けてくれた。こういう打ち明け話は、そう簡単には聞けない。誰だって、大学を中退したことは話したくないし、クビになったことや仕事を転々としたことなど話したくないものだ。率直に言えば、誰も自分の人生において抱いた場違いな感覚について認めたくはないのだ。しかし、ほとんどのダークホースが、少なくとも一時期はまさにその感覚をもちながら、つまらない日々を過ごしていた。

ジョン・カウチもそのひとり。彼はカリフォルニア州立大学バークレー校に入学し、コンピユータ科学の博士課程に進んだが、その直後に、講師陣のプログラミングに対する数学的で抽象的なアプローチが、自分自身の創造的欲求とそぐわないと思い始める。そして、あまりにも場違いに感じ、大学院での研究をすべて棄てる決心をする。

もうひとつの例が、ダグ・ホアーだ。彼は十年間、親戚が営むイリノイ州ピオリアの造園会社で働いた。郊外の庭園、街路樹、住宅のテラスを設計し施工する仕事だった。プロジェクトの立案も、戸外での手作業もいつも楽しんでいたが、同時に、制約された条件内で仕事をする窮屈さも感じていた。やがて彼は、従来の造園設計を踏襲する標準的な青写真に従うのではなく、新しく独創的な手法で植物を扱いたいとしきりに思うようになる。「自分の思い描いたものをそのまま園芸で表現したい」と。このままではいられないと気づいた彼は、さっさと仕事をやめ、もっていたものをほとんど売り払い、海外に打って出る。

ダークホースたちが辿った道に共通したテーマが、**自分の人生に対する違和感**だ。彼らは皆、四角い穴に差し込まれた円形の杭のような感覚をもっていた。見識など必要ないありふれた仕事から、いつまでも抜け出せなかった人もいれば、逆に、周りから尊敬される安定した高収入の地位を確保しなければならないと思い込み、ある分野で高い専門性を身につけたのに、実際は満足感を得られなかった人もいる。退屈や欲求不満を感じ、あるいは、自分の能力を生かしきれないという思いや周りに圧倒された感覚をもちながら、ダークホースたちは、不本意な道をとぼとぼと歩いていた。そして、何年も歩いた末に、ようやく、充実した人生を送っていないことに気づく。

そうして、転機が訪れた。

イングリッドのように。

「自分のことを誇らしいと感じたことがなかったの。自分だけの道を行こうと決めるまではね」

ダークホースたちの「人生の転機」はいつ、どんな形で訪れた?

Introductionで登場したジェニー・マコーミックにとっての転機は、夜露《よつゆ》に濡れた草に寝ころび、天空にかかる光のカーテンを見つめながら、めくるめく星々の神秘を解明しようと心に誓った瞬間だった。アラン・ルーローにとっては、小さな町の事業を処分し、大都市に乗り出したときだ。

転機にさしかかる前は、ダークホースたちも社会が敷いたレールに沿ってひた走っていた。知らず知らずのうちにそうしていたが、転機を迎えてからは、彼らの選択は新しい考えのもとに決断されていく。つまり、この道を行けば「充足感」に辿り着けるだろうという思いが、彼らの選択の動機になったのだ。

こうして、私たちとの会話のなかで、ダークホースたちはついに「充足感」という言葉を使い始める。その使い方も二通りあって、それぞれが重要な意味合いを帯びていた。

まず、自分の心理状態を説明するときに使う場合。彼らは「自分の人生が大好きだ」と私たちに明言した。もうひとつは、さらに気持ちがありありと伝わる使い方なのだが、それぞれの物語の山場に誰の口からも飛び出してくるのだった。

私たちはトレーニング法や新スキルの獲得法に焦点を当てるのではなく、彼らの転機について詳しく聞くことにした。するとダークホースたちは、**「いくつもある機会（チャンス）のうち、本当の自分自身にぴったりと合うものを選んだこと」**と語った。日々の生活につきものの、たとえば水道光熱費の支払い・赤ん坊の世話・家庭内の不幸な出来事・景気低迷などの苦労はあっても、彼らは**「本来の自分であること――充足感」**を求めて努力したのだ。個性が重要なのだ、という観点を死守して。

ダークホースたちは何度も岐路にさしかかり、そのたびに、真っすぐの道ではなく自分に合った道に駆り立てられる。ここで湧いてくるのが次の疑問だ。

「この転機を引き起こすものは、正確には何なのだろう？」

北欧に伝わる「ヤンテの掟」

ダークホースたちはなぜ人生の方向転換をせざるを得ないと確信したのか。厳密に言えば各々違うが、おそらく、それは社会に広く受け入れられた価値観、つまり個性を抑えつける「社会的圧力」という言葉に集約できるであろう。イングリッドの場合は、何が問題だったたかを本人がはっきりと把握していた。

「何をしても全然しっくりいかなかった最大の理由は、〝ヤンテの掟《おきて》〟なのよ」と。

彼女が育った北欧には、〝ヤンテの掟〟という、個人と成功との関係について人々の心に深く刻まれた文化的な通念がある。彼女は、こう説明してくれた。

「ヤンテの掟によると、皆が同じように扱われるのが当たり前なの。誰でも同じように行動しなければならないし、自分だけが特別な存在だと思っちゃいけない。それに絶対に、前に出て好きなことをしたりしちゃダメなの」

そうそう、これと同じ考え方を言い表した言葉、しかももっと聞き慣れた表現がある。

「標準化」「規格化」(Standardization)だ。

「薬の成分は均一であるべき」——標準化を生んだまっとうな考え

一八九〇年までに、ERスクイブ社は、アメリカにおいて麻酔剤などの製造元として発展した。この会社のかつてない商業的成功は、アメリカン・ビッグファーマ社の誕生に示されている。こうした偉業はすべて、創始者の断固たる「標準化」への傾倒によるものだ。

エドワード・ロビンソン・スクイブ博士は、もともとアメリカ海軍の医師として働いていた。海軍が調達する医薬品の品質を検査するのが、彼の主な任務だった。まもなくスクイブ博士は、ほぼすべての薬の成分が、納入業者や製造ロットや、ときにはボトルごとに異なっていることを発見する。辟易した博士は、自分の会社をつくろうと決心し、「徹底的に同一の薬を製造すること」を目指すと決めた。ERスクイブ社が長年掲げた社訓は「信頼性。均一性。純性。有効性」である。

その揺るぎない「標準化」への傾注が、この組織を二十一世紀の今日まで成長発展させる推進力となった。その精神は、今なお、ブリストル・マイヤーズ スクイブ社として息づいている。

標準化時代の幕開けとともに、米国では他にも多くの会社が、製品を標準化することで現代の巨大企業に成長した。エクソン（石油精製を標準化）、ケロッグ（朝食シリアルを標準化）、フォード・モーター・カンパニー（「どんな色のフォード車でももてますよ、黒であればね」）などだ（訳注：当時、T型フォードは黒一色しかなかった）。

標準化の目標は、何よりも生産システムの最大効率化であり、この目標を達成するための最も重要なことは、**多様性の排除**である。標準化は、一定のプロセス、つまり一定のインプットを同一のアウトプットに（誤差も変動もなく）変換するプロセスを確立することなのだ。

言い方を変えれば、標準化という発想は、**「個性的であるのは、問題だ」**という考えに基づいているということになる。

「個性はムダなもの」、世界の価値観が変わった瞬間

確かに、製品をつくるうえで標準化の考え方を適用するのは道理にかなっている。頭痛がすれば、瓶入りの頭痛薬のどの錠剤も他の錠剤と同じであってほしいし、国内を車で移動するなら、一ガロンのガソリンはどこの州で買っても同じであってほしい。

さらに、標準化によって「低コスト・低価格」も実現した。手頃な値段の（黒塗りの）T型フォードの登場で、多くのアメリカ人が初めて自家用車をもてるようになったのは事実だ。

公平に考えれば、生産システムを標準化しようとすると、個性は、実際邪魔になる。信頼性と均一性と純性と有効性にとって問題であり、最終的には、生産性にとって問題である。そういうわけで、標準化時代の幕開けとともに、個性は産業から排除されることになった。

もし、われわれが製品の標準化のみに留めていたら、今あなたが手にしているこの本など必要なかっただろう。しかし、成功の観念と、そして成功を収めるために必要とされる能力は、あるときを境に完全に変わってしまった。それは、頭痛薬を標準化するのと同様に**人間を標準化しようと決めたとき**である。

この展開に悪意や陰謀があったわけではない。とてつもなく効率的な製造原理が仕事の現場にもち込まれたのは、自然な成り行きだった。職人の技で一品モノをつくる十九世紀の古いシ

ステムでは、従業員たちの顔ぶれが変わるたびに、その感性に合わせて職場自体を変える必要があった。しかし、ここに登場したのが、「標準化の父」と呼ばれるアメリカの実業家、フレデリック・テイラーだ。工場生産システムについて彼が気づいたのは、機械は高価で重いが、そこで働く人間たちは安価で順応性があるから、機械の周りに労働者を配置するほうが、労働者の周りに機械を据えるよりも効率的だということだった。

こうして、標準化の憂き目にあった最初の人々は工場労働者であった。彼らにあてがわれた新しい役割は、一定不変の作業をこなすことであり、そこには自主性は一切必要とされなかった。そのネジを締めろ。その梱包を運べ。その針金を切れ。チャーリー・チャップリンが、一九三六年の映画『モダン・タイムス』の脚本・監督を手がけ、機械化された工場でチャップリン扮する主人公が散々な目にあいながら働く姿を描く頃には、**アメリカの労働者はほぼ例外なく〝歯車〟と化し、「工場の生産効率化」という名の超大型マシンに組み込まれていた。**

レイ・クロックは、標準化に最も傾倒した信奉者であり、一年間に何百億個もの同じハンバーガーをつくり続けるフランチャイズの創設者だが、人間を装置の一部にすることを正当化するために、標準化の優位性を次のように強調した。

「皆さんと同様、私たちもわかってきました。やはり反抗的な人たちを信用することはできないのです。迅速に、私たちの体制に順応する働き手に変えることにします。……一歩も引かない覚悟が必要です。**組織は個人を信用してはなりません。個人が組織を信用すべき**なのです」

ゆりかごから墓場まで「標準化された人生」

この精神から、職場標準化の推進者たちは会社組織の新形態を考案する。従業員を二つの階級に分けた、厳格な階級制である。底辺にいるのが労働者で、その従順に守るべき任務は（フレデリック・テイラーによると）「与えられた命令に従い、言われたことをこなし、しかも、手早く作業すること」だった。その上に立つのが、労働者に何をすべきか指令を出す「マネージャー」で、組織内のあらゆる決定権がこの階級に委ねられることになった。

これはマネージャーにとって好条件のように聞こえる。だが、労働者に以前許されていた権限なり自主性なりをほとんど手中に収めたものの、やはりマネージャーも、特殊な才能のもち主だと見なされたわけではなく、むしろ入れ替え可能な部品として扱われていることを実感するようになる。

標準化された組織的な階級制においては、どのマネージャーにも事前に規定された役割があり、経理担当であろうとマーケティング担当であろうと、その任務が、その部署に就く人間によって変わることはない。**標準化された職場では、「個性は問題だ」という共通認識の縛りを受けない部署はひとつもない**のだ。

次に、**標準化の波はわれわれの子どもたちにも及び、学校教育にも及んだ。**実業界に驚くほどの成功をもたらした「標準化」に目を見張った教育改革者たちは、同じく徹底した効率化を図ろうと決めた。

二十世紀の初めには、アメリカ全土の教育システムが一気に様変わりする。カリキュラム、教科書、成績、テスト、学期、卒業証書のすべてが標準化された。産業の分野で労働者とマネージャーが二分されたのと同じように、教育の分野でもプロの教育者たちが教師と学校管理者の二つの階級に分けられた。教室は工場に似せてつくり直され、始業と終業のベルまでが、工場のベルと同じように、校内に鳴り響くようになった。

「われわれの学校は、ある意味、工場なのだ。そこでは、原産物（生徒たち）が生活の様々な需要を満たす製品に加工される」と述べたのは、エルウッド・カバリー。教育における標準化の指針として大きな影響力をもった自著『Public School Administration』（一九一六年）にある言葉だ。

最初にわれわれは「働き方」を標準化し、次に「学び方」を標準化した。その後、標準化された職場と教育システムとを統合し、標準化された出世の道を樹立した。こうして、幼稚園の門を初めてくぐる日から定年退職の朝まで、われわれが通過する道のりのすべて、つまり**人間の一生のすべてが標準化されてしまった。**

標準化システムを支える「暗黙の約束」

一九五〇年代以降、標準化が最も明白なのは、おそらく弁護士・医師・エンジニアといった職種の出世コースにおいてだろう。これらの分野では、既定の順序通りに既定のやり方で、すべての既定のトレーニング段階を通過しない限り、一人前の専門家になれない。高校、医大予科、医大、医師国家試験、インターン（臨床研修）、レジデンシー（各科の研修）、主治医、となって成功だ！

二十世紀を通じて、標準化はありとあらゆる職種にじわじわと入り込んでいき、今では、航空機のパイロット・総料理長・原子物理学者・法人会計士・映画の撮影技師・高校の校長・薬剤師・デパートの店長になるにも既定のルートを辿らなければならない。

目標の職業をひとつ選び、その最終地点までの適切な過程を断固たる決心で突き進む。このスタンダードな道のどこにも「充足感」が見あたらないのは、別に驚くことではない。

このように、標準化というすべてを均一にする価値観は、工場と学校に引き続いて産業世界のいたる所に普及した。この非人間的なシステムをわれわれが諸手を挙げて受け入れるようになった理由は、社会が〝暗黙の約束〟を標準化時代の市民と結んだからである。**目的地まで真っすぐな道を辿って行けば、雇用と社会的地位と経済的な安定が与えられるだろう**、と。

この約束はやがて、アメリカ社会にしっかりと定着し（そして、ヨーロッパではさらに強固に、アジアにいたっては完全に硬直した形で浸透し）ため、基本的な**「社会契約」**という形をとるようになった。

この「合意」によると、**社会はある条件を満たす個人に褒美を授けることになっている。**その条件とは、個人が一人ひとりの充足感の追求を放棄し、成功を目指して標準化された道を突き進むことである。

エリートとは「他の人と同じことを、誰よりも上手にやる人」

なぜ、このような「自己否定的な条件」に合意などするのだろう？

おそらく、**表面上は平等かつ公平に見える**からだ。特に、以前に比べたら良さそうに見える。十九世紀には、まともなチャンスは一部の特権階級にのみ与えられていた。適正な家系、適正な人種、適正な宗教、適正な性別、あるいは適正額の銀行預金などを既にもっている人々である。それとは対照的に、標準化されたシステムは、正真正銘の実力主義を確立しているように見える。

この合意のもとでも、誰もが成功できるわけではなく、懸命に取り組み、才能を示す必要がある。それでも、チャンスの階段に誰でも一歩足をかけられるようになったのだ。これがあったから、表向きの約束が維持された。

標準化されたシステムによって、最も能力があると判断された者は、社会が提供する最高の機会を手にすることができる。真っすぐな道を辿ることを守り抜くならば、誰でも放射線科医や特許専門の弁護士、経営コンサルタントや有名私立大学の教授になれるチャンスがあるのだ。自分への褒美を要求するためにしなければならないことは、ただひとつ。他の皆がしなければならないことを、他の皆よりも上手にやってのけることだ。

「他の皆と同じでいい。ただ、他の皆より優秀でいなさい」

「どの高さまで上った？」――〝出世の階段〟は狭い一方通行

この〝戒律〟は、裏を返せば、この合意に致命的な欠陥があることも示している。「われわれの標準化された機会均等の制度は、決して個人の充足感のためにつくられたものではない」と。

標準化されたシステムは、われわれにこう要求している。

「切なる望みを抑えつけ、幸福追求を後回しにせよ。専門性を極めるために、長く険しい道のりを脇目もふらず進むことが先決だ」

幸福は、コースから逸れずに必死に頑張った後に受け取る褒美なのだ。真っすぐな道から外れて、充足感を得ようと突飛な行動に走るのは、自分を甘やかす向こう見ずな人間のすることだ。下積みの時代を経ずして幸福を手に入れようなど、もってのほかであって、もしそんなことを言えば「わがままな甘ったれ」、あるいは「ミレニアル世代」などと笑われるのが落ちだ。

これは〃ヤンテの掟〃にはっきりと示された思想でもあり、標準化されたシステムのもとに暗に込められた判断基準でもある。標準化時代を通じて、ほぼ普遍的なものとして認められた見方であると言ってもいい。ほとんどの親が、目先の（確定していない）幸福を放棄してしまうのは、将来の安定を確実に手に入れるために払うべき（わずかな）代償だと結論づけた末に、これに合意する。

もちろん、どの親でも我が子の幸せを願うものだ。しかし真っすぐな道を進めば報われると約束されている以上、後々、我が子がどんなことに情熱を抱くことがあっても、必ずそれに突き進む自由は与えられていると信じようとするのだ。そのときが来れば、いくらでも喜びを味わえるのだから途中は辛抱しなさい、と。

標準化されたシステムは、個人の成功を単純で直線的な思考法で測るように仕向ける強制力を持っている。**「どの高さまで上った？」**などと問いかけるわけだ。

成功をこのように解釈すると、たとえば、もし誰かが階段の一番上まで実際に行けたとしたら、その人は間違いなく幸せになるだろうと考える。

充足感という最高の賞をつかめないのなら、階段をよじ登るのに一体どんな意味がある？　ＮＦＬの選手やハリウッド・スターが自分の運命に不満があるという話を聞いても、われわれは同情などしない。有名な百万長者なのに憂鬱《ゆううつ》だって？　どこか、おかしいんじゃないのか？

そして、われわれが同じようにけんもほろろにあしらうのは、単調でつまらない仕事にしかありつけなかった人間のみじめな繰り言を聞いたときだ。「幸福っていうのは、勝ち組だけのものなんだよ！」標準化されたシステムにおいては、決まったコースから外れたら、苦労して頂点まで達した人が手にするのと同じ特典を得られるなどと思ってはいけないのだ。

ほとんどの親が、心の中では、SAT（訳注：アメリカの大学受験のための統一試験）受験準備コースなど入試に有利なことをさせても、それだけ子どもが幸せになったり目的意識をもった人間になったりするわけではないことは知っている。それでも、**標準化されたシステムによって保証された良い人生をつかむのに不可欠な方法として受け入れる。**そして、コースから外れた場合の不幸な人生という恐ろしい泥沼だけは回避しようとする。どこで子どもを育てるか選ぶとき、資産のある親は、各校区の平均GPAや大学入学率を参考にしたり、さらには、SATのスコアが高いコミュニティに住むために割増金を支払ったりする。

しかし、個人の充足感を無視する人材開発システムに盲目的に従うことは、あらゆる人間にとって憂慮すべき事態を引き起こした。最も著しいのは、本来の自分の望む人生を歩んでいないと気づいたときの自己喪失の危機である。

その結果、人は否応なく転機に追い込まれる。

標準化されたシステムにおいて個人の充足感が軽視される以上、ダークホースたちのように、真っすぐな道の途中で不平や不満を感じても、その感覚が軽視されることが多いのは当然だ。やりがいを感じないと不満を言う学生や従業員は、多くの場合、変な特権意識をもっていると一蹴されるか、あるいは、組織が個人に合わせるべきなど厚かましいとして笑い者にされてしまう。

転機に際しては誰もが重大な決断をしなければならない。もっと頑張れば、最後はきっと成功への糸口をつかむと思い込んだふりを続けることもできるし……あるいは、標準化されたシステムとの糸を断ち切ることもできる。

未経験で「人気フラワーデザイナー」になったダークホース

イングリッド・カロッツィは、人生の大半を他の皆と同じことをしながらも、他の皆より優秀であろうと努めて過ごしてきた。しかし常に、他の皆と違っていて他の皆より劣っているように見えた。

芸術に触れることが楽しく、スウェーデンのデザイン学校に行こうと考えたが、芸術の道に進むなんて間違っていると家族に反対され、周りからも「芸術家になるには、才能が足りない」と言われた。イングリッドは今でも、友人の父親から受けた質問を覚えている。「絵も描けないのに、どうしてデザイナーになりたいんだい?」

気持ちがくじけたとき、イングリッドはいつも自分自身を責めた。産業化社会の良識ある市民の例にもれず、標準化されたシステム――彼女の場合は、むしろヤンテの掟――を心の中に深く取り込んでいたのだ。「若い頃は、自分を疑ってばかりだった」とイングリッドは回想する。

「当時の私は、幸せになるには自分の得意なことをひとつ選ばなきゃならないって考えてた。そうして、頑張り続けたのよ。でも、いつまで経っても得意なことが見つからなくてね。だから結局、いつまで経っても私は幸せになれなかったの」

イングリッドは、三十代半ばになってニューヨークに移り住む。アメリカでは新しいチャンスに巡り合えるかもしれない、と期待してのことだった。北欧の堅苦しい生活様式にはない、マンハッタンの喧騒と多様性に彼女は瞬く間に夢中になる。就労ビザを確保するために、広告会社の契約社員になり、高級ブランド品を報道関係者に売り込んだ。また、フリーランスとしてブランディングやデザインの仕事にも関わった。贅沢しなければマンハッタンでなんとかやっていけそうだった。それでもまだ、もっと自分に適した役割があるのではないかと、イングリッドは憧れを抱き続ける。

そうして十年が経った。もう広告会社の仕事を精一杯やっていくしかないのかと諦めかけていたとき、思いがけず、イングリッドは以前の顧客から珍しい仕事のオファーを受ける。在米スウェーデン商工会議所が、まもなく開催する祭典のフラワーアレンジメントをイングリッドに依頼してきたのだ。

「それまで花に関することは何ひとつ経験がなかったのよ」と彼女は語る。

「在米スウェーデン商工会議所の所長さんが私を選んだのは、私がスウェーデン育ちだったからなの。それと、以前デザインの仕事をさせてもらったとき、私の色彩感覚が優れていると所長さんが思ったかららしいわ」


標準化されたシステムにおいては、何かで成功するためには〝ルール〟に従わなければならない。なんらかの充足感が得られるとすれば、それはあくまで成功してからのことだ。

一方、ダークホースたちは、それぞれの個性を生かして充足感を得ようとする。その充足感が、成功を得るうえで最適な条件をつくり出すというのだ。これを効果的におこなうためには、可能な限り徹底的に自己分析をする覚悟が必要だ。自分の興味と欲求を把握することによってのみ、本来の自分自身に最適な機会を見極め、それを受け入れることができる。二十年近く、仕事上の不運と教育面での行き詰まりを経験した末に、イングリッドは、ようやく自分がどういう人間か深く理解できるようになっていた。


彼女が好きなのは、「誰かの大切なひとときを美しくするもの」をつくり出し、人を幸せな気持ちにすること。嫌いなのは、同じことの繰り返しと長期にわたる仕事。どちらかというと、開始と終了の日時のはっきりした短期プロジェクトが好きで、自分にできる最高の仕事にしよ

う と意欲をかき立てられるから、締め切りのある仕事も好きだ。同じく、決まった予算内での仕事も楽しいと感じる。予算の制約に刺激されて、創造的な解決策が生まれるからだ。また、ビジュアル志向で、直感で色を理解するところがあると自覚している。デザインを通じてメッセージを伝えることも楽しいと感じる。物を持ち上げたり釘を打ったり何かを切ったりする、肉体的にハードな作業も嫌いではない。プロジェクト終了直後に顧客からフィードバックを受けるのも好きだ。彼女にとって、フィードバックは「すぐに得られる喜び」だ。料理をするのも楽しい。よく考えると、フラワーアレンジメントには料理をするときの好きな要素があるのがわかった。「いろんな材料を使ってひとつの品物につくり上げて、それをお客様のテーブルに出すのよ」

最後に彼女は、華麗で高級に見えるが派手すぎないように仕上げるコツを身につけた。「そうやって初めて、法人のお客様を相手にお金儲けができるの」

もっと若かった頃、イングリッドは自分自身のことがこれほど詳細にわかっていなかったし、ヤンテの掟の影響で、その重要さにも気づいていなかった。でも今では、大きなイベントのフラワーアレンジメントが自分自身の興味と能力に最高に合っていると実感している。イングリッドは、この商工会議所の仕事に熱中した。さびれた雰囲気の古い材木を集め、自分で釘を打って田園風の木箱をいくつもこしらえ、それを花だけでなくスウェーデンで人気のあるハーブの鉢植えでいっぱいにした。持ち前の色彩感覚が生きたのは、花とハーブと木箱それぞれの色合いをうまく調和させたところ。これが功を奏して、イベントの装飾を完璧に引き立たせた。イングリッドの作品は、まるでルーベンスによって描かれた田園風景のようだった。そして、これが大好評を博す。

ある招待客はイングリッドの花に圧倒され、涙ながらに「花を見た途端、懐かしい子ども時代に引き戻されたようだった」と話したという。雇い主の在米スウェーデン商工会議所の所長も大喜びで、それ以降、数々のイベントにイングリッドを定期的に採用し、そのたびに客たちに向かってイングリッドを「発見した」経緯を誇らしげに語ったそうだ。そのイベントのシェフ（ミシュラン二つ星レストランの経営者）は、イングリッドを脇に呼んで褒め称え、自分が料理に加えたハーブが彼女のアレンジメントにも使われていたことに感激したと話した。その夜は一晩中、招待客がひっきりなしに、見事なフラワーデザインを制作した謎の女性を追っていた。

「見つけた！　これだ！　と思った瞬間だったわ」とイングリッドは語る。

これといった貯えもなかったが、イングリッドはブルックリンにフラワーデザイン会社をオープンする。当初は、自作のフラワーアレンジメントの写真を掲載するホームページの運営だけだったが、口コミがすぐに広がり、まもなくフルタイムでフラワーデザインに専念するようになった。「初めのうちは、経費が全然必要なかったの。だって私ひとりだったんだもの」とイングリッドは言う。「それに在庫の心配もしなくてよかった。お客様が前金で払ってくださるから、それで花や他の必要なものを全部買い揃えられたのよ」

＊＊

ここで特筆すべきことは、イングリッドが広告会社の仕事をやめて、今後どうなるともわからないビジネスに全身で飛び込んでいった、そのときの彼女の考え方だ。当時、イングリッドは**「自分の目的地（明確な目標）」をもってはいなかった**。この新事業でいくら儲かるか見当もついていなかったし、最終的にどういうビジネスになるか明確な見通しも立っていなかった。かと言って、急に身を粉にして「懸命に取り組む」姿勢に変わったわけでもない。これまでもずっと懸命に取り組んできた。しかも、プロを夢見て長く険しい道を「真っすぐに」進んでいたわけでもない。これまで、イングリッドは花の専門家になろうなどと一度も考えたことはなかった。もちろん、既存のシステムに対して反逆的な行動に出たのでもない。顧客たちの好みは、総じて保守的であり、秩序を乱す類いのものではなかった。

要するに、**イングリッドは既存のルールを、〝ヤンテの掟〟を拒否しようと決断した**のだ。完全に断ち切り、自分自身の道を切り開いていこう、と。

従来型の講習を受けるのではなく、花の特質について試行錯誤を繰り返して学び、ときには花の仕入れ先に助言を求めた。新しいアレンジメントを創造するときも、イングリッドは標準的な方法ではなく、視覚に訴えるデザインに欠かせない基本ルールを適用した。別の言葉で言えば、自分の個性が重要なのだという考えを、真剣に受け止め始めたということだ。

「他の花屋がどんなふうにカーネーションボールや花束をつくるか、私は特に気にしなかった。正反対のことをしたいと思うときさえあるわ」とイングリッドは語る。

「花一本一本それぞれを個性をもった〝生徒〟として扱うのよ。他より強い子もいるし、隅っこに隠れている子や、私のほうを見ていたり、カメラに向かってニッコリ笑いかけたりする子もいるの」

その結果が、手づくりの器、大胆な素材の活用、豊かな質感、鮮やかなコントラスト、予想を覆す構成、そして画家に匹敵する色彩感覚を特徴とする独特なアプローチだ。

彼女は単にフラワーデザイナーになったのではない。イングリッド・カロッツィというフラワーデザイナーになったのだ。

スティーブ・ジョブズを動かした大学院中退のダークホース

イングリッドのまさしく「個人軸の成功」への道を、他の人間が見倣うことはできそうにない。彼女とまったく同じ好み・興味・能力・機会をもった人間は他にいないからだ。しかし、彼女の話の細部や深層に目を向ければ、どのダークホースにも共通する成功へのパターンが見えてくる。

ジョン・カウチを思い出してほしい。名門バークレーでコンピュータ科学の博士課程を受けているときに場違いな感覚をもった人物だ。「僕が体験していたのは、インピーダンス（電気抵抗）とも言える不適合だったんだ」とジョンは電気工学の用語を使って説明する。「教授のひとりが『きみは有名になりたくないのか？』と訊いてきた。でも、その教授が言う『有名』とは、わずか十数人が読む学術誌に難解な論文を投稿することだった。だけど、有名になるには他にも色々な道があるよね。たとえば、教えるとか創造するとか」

二年目に入っても、場違いな感覚は消えることはなく、ジョンはやむなく中退した。

一度は約束されたコンピュータ科学の専門家への道がこれで終わったとジョンは思った。「落伍者の気分だったよ」とジョンは言う。「あれから何年も、バークレー校の近くに行くだけで胃がムカムカしてきてね」

しかし、しばらくすると、シリコンバレーの新企業の若きCEO、新しいタイプのパソコン設計を模索していた人物による面接を受ける。ジョンは、自分の型破りな信念を伝えた。（多くが確信していた、ハードウェアではなく）対人ソフトウェアにおける技術革新が、やがてコンピュータ産業の未来に何よりも大きな影響を与える、と。スティーブ・ジョブズは共感し、アップル社の初代副社長として彼を採用した。

まもなくジョンは、斬新な戦略ソフトウェア計画をアップルⅡとⅢ向けに立案し、また、最初の個人ユーザー用グラフィック・インターフェースを設計するなかで、大きな充足感を味わうようになった。「これまでまったく成し得なかったソフトウェアだったんだ。バークレーで教えているものとは完全に違う。僕の人生で最高の日々だったな」

シカゴを「緑鮮やかな庭園都市」へと一変させたダークホース

イングリッドと同様、ジョンも自分の個性を生かすことで個人的な充足感を追求しようと決断し、その後、プロとして成功した。

ダグ・ホアーもそうだ。三十代初めに、ダグはイリノイ州ピオリアから、有名な庭園を目指して英国の田園地帯へ旅に出る。世界一の技を誇る植木職人たちから園芸を学ぶためだった。「僕は世界レベルの造園家・園芸の達人になりたかった。そして、それを仕込んでくれる最高の指導者はイギリスにいたんだ」

ダグが現地で過ごした日々は楽ではなかった。一般作業員として働き、来る日も来る日も草をむしり、土を耕し、荷車を押す。しかも、ほぼ無給だ。しかし、やがて信用を得ると、造園の名人たちと夕食を囲んで園芸について語り合うようになる。

二年後、所持金が尽きると、ダグはイリノイ州に戻り、自宅アパートの小部屋に（自分ひとりが社員の）造園会社を設立した。

「園芸の学位を手に、イギリスから帰国したような気持ちだった」とダグは言う。身につけたばかりのスキルを使ってみたい一心で、クレイト&バレル社のCEOを説き伏せ、シカゴにある主要店舗の前庭を設計・施工することになった。ダグの独創的な庭は、シカゴ市民がいまだかつて見たことのないもので、来店客や建築評論家、さらにはシカゴ市長からも称賛される。イギリス庭園の原則を取り入れながら、それを自分流に表現することによって、ダグは「都会風の前庭」の概念を変えた。そして、ダグの作品が極めて印象的だったことから、市当局からミシガン・アベニュー（市内にある目抜き通り）の中央分離帯に同じような花壇を設計してみないかと打診された。

これこそ、ダグが待ち望んだチャレンジだった。

シカゴの街並みにダグがつくった景観は、一年草・多年草・球根植物そして観賞用の草を色鮮やかに織り合わせた、一枚の活力溢れるタペストリーだった。しかも、このタペストリーの色合いは季節とともに移り変わる。これまでのアメリカの都市造園にはなかった効果だ。また、ダグの使った植物には極めて珍しい種類が含まれる。サツマイモの明るい黄緑色の蔓《つる》や、青銅色から深紅色に少しずつ変わるトウゴマ、そして極めつけはハンブルケール（緑葉カンランの一種）。植物の選定は、車の排気ガスや大気汚染に対する耐久力によって、また、各プランターの微気候（日照、風、湿度）を考えておこなわれた。これも、ダグが英国で身につけた技術のひとつだ。

ダグの園芸大作は、あっという間に観光客や市民から「シカゴ市の象徴」として受け入れられた。その後の二十年間、ダグはミシガン・アベニューの中央分離帯に花壇をつくり続ける。彼の造園構想は、シカゴのあちこちで見倣われるようになり、さらに、世界中の数十都市でも採用されている。今日、二十一世紀の都市景観プロジェクトの基本的な要素のひとつは、様々な活力溢れる植物デザインの結合であるが、その元を辿れば、ダグの先駆的な造園に行き着くのだ。

〝標準化の眼鏡〟を外せば「見えなかった道」に気づく！

ダークホースたちの辿った道にはそれぞれに異なる紆余曲折があるが、旅の出発点は同じだ。充足感を追求するという決断である。

彼らがその選択をするとき、富を得る見込みも、自分がいつかその道で成功者になれるかどうかも重視しない。むしろ、自分の個性に合う機会が存在することに着目する。そして、その機会をつかむ。この転機を過ぎると、彼らは一貫して他者の言うことではなく自分自身の思いに忠実な決断を下していく。その後も何度も同じ観点で決断を下しながら、ダークホースたちは例外なく素晴らしいパフォーマンスを身につけるのだ。

従来型の出世コースを辿る人々は愚かであるとか、間違った方向へ導かれているとか言っているのではない。成功を収めるためにどの道を辿ろうと、私たちはそれを批判するつもりはない。ただ、私たちが意図しているのは、**まだ発見されていないルートを記した広大な地図帳、標準化されたルートに盲目的に従わせるために覆い隠されている地図帳を開くことだ。**

標準化されたシステムでは、われわれに与えられる機会は決して充足感を目指したものではなかったし、今後もそれはあり得ないことだ。また、「個性は問題である」という理念に基づくシステムが、個性を生かすように微調整することもあり得ない。標準化から脱出する道を標準化することはできないのだ。しかしダークホースたちは、**標準化から脱出する道を個別化することは可能である**と示している。

本書の終わりには、どうすれば現在の標準化されたシステムを改良し、充足感に基づく機会が提示される望ましい制度を築けるか示すつもりだが、あなた方一人ひとりがシステム改善の実施を待つ必要はない。今すぐに、「個人軸の成功」を目指してスタートを切ることができる。

あなたが今、真っすぐな道を行くことを考えていようと、自分の道を切り開いて進むことを考えていようと、この後どう動くべきかは、次の四つの章で説明される。章ごとに、ダークホース的な考え方の基本的な要素をひとつずつ明らかにするつもりだ。

この具体的かつ実行可能な要素は、「個別化の時代」の到来を加速させる二十一世紀の科学の強固な理念に基づいている。それは複数の専門分野にまたがる学問、**「個性学（the science of individuality）」**と呼ばれている科学だ。この先のページをめくるにつれ、この四つの要素が徐々に一体化し、あなたを取り巻く世界とその中にあるあなたの居場所が新しく見えてくるだろう。あなた自身の人生において、どのように充足感を追求することができるのか、今すぐ明らかになるのだ。

ダークホース的な考え方の四要素を信じるのはなかなか難しい。その最大の理由、つまり、この四要素があなたにとってうまく作用するとは思えない理由は、生まれてからずっと成功というものを標準化されたレンズを通して見るように条件づけられてきたことにある。

「情熱」「目的」「粘り強さ」「達成」といった観念さえ、標準化に基づく古い価値観に色濃く影響されている。だからこそ、個人軸の成功への旅路にある最も困難な部分は、新しい考え方を取り入れることではなく……**古い考え方を手放すこと**なのだ。

〝新しい宇宙〟を見るにはただ覗き込めばいい

人類の歴史が最も大きく変化した瞬間のひとつは、地球と太陽二つの天体の関係に対する認識が逆転したときである。遠い昔から、人々は地球が宇宙の中心だと信じ、太陽はその衛星であると考えていた。そしてある日、コペルニクスはその逆を提起する。太陽が中心であって、地球はその従属物に過ぎない、と。

それは仮説と仮説の衝突だった。誰にとっても明白な真理と、直観的にまったく筋の通らない論理との対立だ。何はともあれ、確かに太陽は地球の周りを回っているように見える。

誰もが盲目的に「太陽は地球の周りを回っている」と思い込んでいる時代——誰もが間違った仮説を信じ込み、それにしがみつくあまり、それが仮説だと思えなくなった時代——に生きるのが一体どういう感じのものか興味があるとしたら、あなたの想像力を発揮するところかもしれないが、実は、その必要はない。なぜなら、まさに今、あなたはそういう時代に生きているのだから。

一世紀以上の間、**「組織」が社会の正当な中心であり、われわれ「個人」の生活を統治する最高位の存在であるという真理をわれわれは従順に受け入れてきた。**これとは違う方式で社会が動いているなど、想像するのは極めて難しい。だから急に何者かが「個人が社会の中心だ」と言い出し、その新しい妙な原理に基づいて、新しい成功法則を提示することが可能だと宣言しても、それを呑み込むのが難しいのは当たり前だ。

コペルニクスが正しい論理と証拠とともに、新しい太陽中心の考え方を提示した瞬間、社会の見方が急速に変化したと思いたい人もいるだろう。しかし、実際はそうならなかった。思い込みは極めて頑固で、とりわけ日々の現実的な事柄の隅々にまで入り込んでいる思い込みはなかなか変わらないものだ。

コペルニクスが宇宙の新体系を発表して一世紀が経ってなお、ほとんどの人が地球は太陽の周りを回っていると確信できないでいたのも不思議ではない。ガリレオが木星の衛星四つを発見し、地球がすべての軌道の中心ではないことを証明した後でさえ、地球中心説を信じる学者仲間にガリレオが自分の目でその四つの衛星を望遠鏡から見るように勧めても、多くがガリレオの主張するものは何も見えないと言い張った。うち数名は、見ようとするだけで頭が痛くなると言ったそうだ。

広く受け入れられた標準化されたシステムは、われわれの前進を阻んでいる。標準化された成功への道が充足感をもたらすという考えに傾倒する社会に未来はない。

一方、ダークホース的な考え方は、**制約のない、達成感と喜びに満ちた社会への扉を開くものだ。**目の前に、人間の潜在能力に対するひとつの見方が差し出されているのだ。

そこにあるのは、ピオリアの農場で育った少年が都市を庭園に変え、スウェーデン出身の放浪者が新しい花の芸術様式を編み出し、高校の中退者が百万年かなたの新世界を発見できる見方だ。

この新しい宇宙を自分の目で見るには、ただレンズを覗き込むだけでいい。

Chapter 2

know your Micro-Motives

結局のところ、モチベーションだと思うよ。
本当にやりたいことがある人は、
熱心に頑張るんじゃないかな。

——エドモンド・ヒラリー（登山家）

「自分が好きなこと」を掘り起こせ

——【ルール①】大事なのは、「大きな情熱」よりも「小さなモチベーション」

2
Chapter
know your Micro-Motives

〝あなたの帆〟に最高の風を吹き込むのは何か？

政治の世界で燃え尽きた彼女を再び「突き動かしたもの」

コリン・ベロックは、テキサス州の小さな町イースト・バーナードで育った。彼女は物心ついてからずっと、人々の役に立つことがしたいと強く願っていた。テキサス大学に入学後まもなく、地方政治に関われば近隣の人々に貢献できるかもしれないと考え、州上院議員の実習生になる。一緒に仕事をする人たちのことも、自分が世界にとってプラスになることをしている実感がもてることも気に入っていた。卒業後は、ワシントンDCで、ボブ・ドールの大統領選挙戦の政務局長を務めた共和党議員のアシスタントになる。その後、マイケル・ブルームバーグに雇われ、彼の最初のニューヨーク市長選挙戦に携わる。選挙に勝った後も、コリンは彼の下で働き、市政業務の局長を務めた。仕事を安心して任せられるという評判を得たコリンは、しだいに連邦レベルの共和党議員から注目されるようになり、ジョージ・W・ブッシュ政権のホワイトハウスから政務担当職のオファーを受ける。

二十八歳だった。コリンは国政の場で有意義な役割を果たせる地位を確保した。厳しい政治の世界で、プロとして人も羨むほどの好スタートだ。にもかかわらず、二〇〇九年、ブルームバーグからニューヨーク市政に復帰してはどうかともち掛けられたとき、コリンは自分が思いがけない岐路に立っていることに気づく。いくつもの要職から選んでいいとまで言われたが、彼女は政治のプロになって初めて躊躇《ちゅうちょ》したのだ。

実のところ、彼女は燃え尽きていた。あまりにも長い間、全速力で突き進んできたので、さすがに一息入れなければと思ったのか。いや、自分自身の心の状態をじっくり考えてみると、単に休暇が必要だという問題ではないことに思いいたる。自分でも驚いたことに、もう政治の世界で仕事をしたくないというのが本心だったのだ。

これまでずっと、世の中を良くしようと挑む人々と力を合わせて取り組む仕事は、慌ただしくもあり刺激的でもあり、その両面が好きだった。しかし十年以上、行政レベルの様々な苦労を味わった末に彼女が気づいたのは、自分の本当にやりたいことはこれまで思っていたこととは本質的に違うかもしれないということだった。

人々の役に立ちたいという思いは、今も変わっていない。それは確かだ。しかし突き詰めて考えると、結局は、選挙戦と政権運営というアメリカ政治の二つの中心的な事柄に、もうそれほど気持ちが高揚しなくなっていた。

同僚のほとんどが、激しい選挙戦や権力への特権的アクセス、そして取引成立までの駆け引きに意欲を燃やす一方、こういう派手な活動にコリンはまったく魅力を感じていなかった。コリンが好きだったのは、投票者リサーチや政策協議などではなく、もっとずっと単純な業務だった。

コリンは、物事を取り仕切ったり、整理（オーガナイズ）したりするのが好きだったのだ。彼女はもっている本すべてに色分けしたラベルを貼り、本棚を視覚的に分類された状態に保つタイプの人間だ。何かが雑然と散らかっていると居ても立ってもいられず、きちんと整理して並べ直さなければ気が済まない。まとまりのない走り書きを上司から受け取って、手早くすっきりと論点を絞ったメモに書き換えることもできる。彼女の脳は、高速回転する遠心分離機のようなもので、情報を取り込むと即座に重要なものとそうでないものを選別するのだ。

政治に関わる仕事で一番好きだったのは、ニューヨーク市長選挙戦でブルームバーグの公開演説会を手配することだった。人員の配置・宣伝活動・イベント進行などで采配を振るうことができた。しかし、政策リサーチを実施したり報告資料を書いたりする仕事にはさほど意気が上がらなかった。

一番嫌だったのは、ブルームバーグが一期目の当選を果たした後の、ニューヨーク市政の仕事、市政業務を各関係機関と調整する任務だった。

彼女は政治の世界を去ることを考え始めた。散らかったクロゼットを掃除したり、乱雑なキッチンを片づけたりするような、ありふれたことでもいいから、毎日、物の整理をして過ごせたらどんなにいいだろう。こう思うたびに、気持ちが高揚するのが自分でわかってきた。こうするのが正しいと感じた。

自分が一番やりたいことと政治の分野から実際にオファーされていることの不一致に気づいたことが、コリンにとっては転機を迎えるきっかけになった。「気がついたのよ。こうなったら何でもできるって。自分のために働き始めるために、何でもやろうって思ったの」と彼女は言う。「数百万ドルの選挙戦を成功させたんだから、五千ドルの資金でオーガナイズ業を始めるのはそんなに難しいことじゃないだろうってね」

カフェに腰を下ろして、彼女は四ページに及ぶリストをつくり、プロのオーガナイザーになるためにすべきことを書き出し、起業までの綿密な予定表を立てた。そして二〇一〇年、正式に政治的なキャリアに幕を下ろし、アーバン・シンプリシティ社を興す。マンハッタンの小さな自宅アパートメントから顧客のもとへ出向き、人々の生活をシンプルにする仕事に没頭した。

最初からずっと、ほとんどの顧客が女性だ。自宅オフィスの最大効率化や仕事と生活のバランス改善を望む専門職の女性もいれば、身辺が大きく変化したばかりの女性もいる。たとえば、引っ越し、転職、出産、結婚または離婚などで心身ともに整理がつかなくなり、ただ圧倒されてしまっている女性たちだ。

コリンの仕事は、彼女たちの物理的な空間（オフィス・キッチン・クロゼット・食料庫・地下室・車庫など）を再設計し、仕事の流れを管理する新しいスケジューリング・システムを作成すること。緊張とストレスの多い生活を、穏やかで無理のない生活に変えるためだ。

コリンは瞬く間に「命の恩人」と呼ばれるほどの評判を得る。あるブルックリン在住の顧客はこう激賞した。

「コリンは私の店にやって来て、散らかり放題で物の溢れかえったデスクをすっきりと片づけてくれたの。彼女は一緒に作業するのがすごく楽な人よ。何か計画するときのタイミングは現実的に判断してくれるし、作業手順なんか、簡単に続けられそうなことばっかり提案してくれて、本当に素晴らしい人。だって、もしまた散らかるだけなら、目の前のきれいなデスクなんて意味ないじゃない？」

問い合わせが殺到し始め、まもなくコリンは従業員を数名雇わなければ回らなくなってしまった。最近では、二〇一八年にフロリダのパーム・ビーチに新しい支店をオープンした。

友人や元同僚の多くが、コリンの突然の方向転換に首を傾げていたのは事実だ。しかし、コリンは一向に気にしなかった。想像していた以上に幸福を感じていたからだ。彼女は今、自分自身の雇用主であり、勢いのある会社を経営し、顧客の生活のクオリティを改善している。彼女にとって最も強い願望のひとつ、「不和の状態から調和を築き上げること」を毎日成し遂げながら生きているのだ。

コリンは、自分にとって何が最も重要なのかを知り、それによって「個人軸の成功」を収めた。

なぜ、「本当にやりたいこと」は簡単に見つからないのか

あなたが「好きなこと」「本当にやりたいこと」は、あなた個人の感情面の〝核〟を成している。あなたが何を求め、何を求めないか。これによって、あなたという個人が固有の存在として定義づけられるのだ。

あなたの個性が本当に重要であるということを守り抜く唯一の方法は、あなたが抱く心からの願望を尊重することである。「自分が本当にやりたいこと」と実際にやっていることが合致するなら、あなたの今後辿る道は魅力的で満足のいくものになるだろう。逆に、もし「自分が本当にやりたいこと」を誤って判断したり無視したりすると、あなたの進む道はわびしく退屈なものになるか、あるいは、その道を断念することにもなり得る。

自分のモチベーションの本質を理解することが、充足感を得るために不可欠である。あなた独自のやる気を発揮することによってのみ、あなたは本来の自分の存在意義も、自己としての完全性も実感できるからだ。ダークホース的な考え方から引き出される主要な課題は、個性を生かすことであり、この課題遂行が始まるのは、**「自分を本当にやる気にさせるもの」**を見定めようとあなたが決めた瞬間だ。

自分の意欲をかき立てるものを見つけるなど、かくべつ頭を悩ませる問題とも思えないかもしれない。何が自分を燃え立たせるかを知ること以上に簡単なことがあるのか？　残念なことに、実はあなたのモチベーションの全体像を細かく見極めるのは思ったより簡単ではない。なぜなら、広く受け入れられている標準化されたシステムが常にあなたの目を曇らせるからだ。

アドラー、ユング、フランクル……人間を突き動かす「普遍的な欲求」とは？

学校も職場も、個々人の「やる気を起こさせるものは何か」を探り当てるためにつくられてはいない。組織の関心事は、非個性的で手順通りである。つまり、できるだけ多くの個人が最も少ない努力と費用で標準化された成功の道を辿るように動機づけたいのだ。

効率性の名のもとに、組織は人のもっていた多様な情熱を完全に潰し、特徴のない単一の「一般的なモチベーション」に変えてしまった。モチベーションが高いか低いかというだけの、単純な尺度だ。一般的なモチベーションには、多くの異名がついている。自制心、決意、不屈の精神、熱意、そしてグリット（やり抜く力）だ。しかし、細かく分析すると、こうしたすべての呼び名がただ**「あなたの個性は重要ではない」ということを縮めた表現に過ぎない**ことがわかってくる。

しかし実際には、個人的なモチベーションを無視することは、われわれの意欲を引き出す効果的な方法とは言えない。これは、標準化されたシステムの中にいればいるほど、誰の意欲も減退するという事実によって証明されている。ほとんどの人にとって、意欲の強さは幼稚園時代に最高になり、それ以降、着実に減少する。

二〇一六年にギャラップが実施した調査によると、学校での学習に意欲を感じないのは、小学五年生の場合は二六パーセントだけであるのに対し、中学二年生ではその割合が五五パーセント、高校三年生では六六パーセントに増える。卒業して就職すれば、また意欲は高まると思うかもしれないが、ギャラップによると、被雇用者の六七パーセントが仕事に意欲を感じていないということが判明した。

生徒たちをやる気にさせられない事態が、標準化された教育の第一線にいる人々に気づかれないでいたことは確かだ。

科学者たちにも、至高の「普遍的なモチベーション」を我先に見出そうとした長い歴史がある。彼らが追求したのも、どこの誰にでも当てはまるモチベーションだ。

フロイトは、おなじみの「性欲」があらゆる人間の行動の根源にあると主張した。一方、フロイトに師事したアルフレッド・アドラーは、「権力への野心」を強調し、フロイトの最も有名な信奉者であるカール・ユングは、「生きるための欲求」の優位性を説いた。また、精神科医ヴィクトール・フランクルが、「生きる意味を求める心」が人間には普遍的にあると述べると、心理学者エリク・エリクソンは、それは「成長への欲求」だと信じた。

確かに、すべて広く受け入れられた本物の動機ではある。それでもやはり、これで誰もが普遍的に突き動かされることはない。

多くの人が競争は気持ちを奮起させるものだと思うが、逆にやる気をそぐものだと思う人もいる。誰かひとりの心の中に、あるべきはずの普遍的な意欲が見つからなくても、それは生物学的な異常でもなく、また、道徳的な欠陥でもない。単に、**人間には驚くほど多様なモチベーションがある**ということを反映しているに過ぎないのだ。

なぜ組織はモチベーションを単純で一次元的な尺度や、小さな一括りの普遍的な動機にまとめてしまいたいのか。それは簡単に理解できる。**そのほうが、組織にとってはすべてがはるかに楽になるからだ。**標準化されたシステムでは、個性は厄介な問題である。

幸い、ダークホースたちは、このモチベーションについての隠れた真実を明らかにしてくれる。

好きを突き詰めた「偏愛」こそが、人生を豊かにする⁉

コリンは、物事を整えたいという欲求を原動力にしている。これ自体は既に、確実な動機だ。しかしさらに掘り下げると、彼女の本当のモチベーションがもっと明確に見えてくる。本当にコリンの血を騒がせるものは、物理的な空間を整理整頓することだ。「一番楽しいのは、アパートメントやオフィスを片づけているとき。それか、キッチンや食料庫を清潔で機能的にしているときね」とコリンは言う。「物理的な空間をオーガナイズするのが一番好き。私自身のクロゼットに入って行って、あれこれ並べ替えるだけで一段といい人生を送っている気分になるの」

クロゼットの中を整理する欲求など、あまりにも些末なことに思える。それでも、コリンにとっては、この極めて個人的で**細分化された「小さなモチベーション」**(Micro-Motive)**」**が、自分らしく物事を成し遂げていく人生において何よりも不可欠だったのだ。

ダークホースたちの人生には、「小さなモチベーション」が見事なまでに色濃く映し出されている。

ダイアナ・スミスは生物を認識し分類したいという欲求に強くかられる。彼女は高い評価を受ける菌学者であり、米国内の菌類の研究機関に勤務しながら、世界各地の希少な菌類の識別にも協力している。「北東部のキノコが私の専門よ」とダイアナは説明する。「キノコのことなら私は見分けがつくし、いくらでも話ができるわ。キノコの好きな生息地とか、土の下や木の表面でキノコが何をしているか、とかね」

パメラ・ハッチフィールドは、文化的工芸品と〝個人的な繋がり〟をつくることに心惹かれる。彼女は美術品の保存修復家としてボストン美術館に勤めている。最近では、国内最古のタイム・カプセルのひとつを開けるという喜びを味わった。マサチューセッツ州議会議事堂の下に埋められたカプセルだ。「美術品を扱っているとね、どこかの時点で、他に何も介さずその作品と自分だけの親密な関係になる気がするの」とパメラは説明する。

「同僚に相談したり、ひとの研究を参考にしたりして理解を深めることもあるわよ。ある物が何でできていて、どういうふうにつくられて、そして時の経過によって材質がどう劣化した可能性があるか、みたいなことなら。でも、そこから先は、対象と私だけが親密に触れ合いながらお互いを知り合っていくの。そしてそれが私にとっては深い意味があって、すごく大切なことなの」

アルバロ・ジャマリロも生物を識別し分類したいという欲求をもっているが、彼の場合は、同じ生物でもよく移動し、色彩豊かで、見つけにくいものに惹かれる。現在、彼はプロの野鳥観察者だ。

「僕はずっと鳥が好きだった。でも、生物学の博士課程に進んだとき、鳥はやめておいたほうがいいと言われたんだ。鳥は面白くないってね。それより、南米エクアドルに生息するハキリアリ（葉を切るアリ）の研究をするように教授から指示された」とアルバロは語る。

「ジャングルに行って、はたと気づいたんだ。僕はアリに興味をもてないって。なるべく周りにいる熱帯の鳥類たちを観ないようにしたんだけども、ついつい目が行っちゃってね。で、ようやく気づいた。僕は鳥が大好きなんだって。充足感が違うんだよ。鳥を見ること、鳥について学者以外の人たちと語り合ったりすることのほうが、気持ちが満たされるんだ。大学の研究課程よりもね」

やがてアルバロは、自分にとって最も大事なものに従い、博士課程から離脱。アルバロズ・アドベンチャーズという会社を設立し、顧客を世界中の野鳥観察ツアーに案内している。

「小さなモチベーション」が、さらに細分化されている場合もある。

野鳥観察者のアルバロは、視覚的に鳥を識別することに心惹かれる。瞬間の色のきらめきを目で捉えて識別するのだ。ところが、野鳥観察仲間のテッド・フロイド（アメリカ野鳥観察協会の機関誌『Ｂｉｒｄｉｎｇ』の編集長）は、聴覚的に鳥を識別するように強く動機づけられている。鳥のさえずりを聞いて識別するのだ。鳥の鳴き声を脳内で分析するという極めて高度な能力をもっているテッドは、耳に入った鳥の声の音波形を図に描くことができる。彼の描いた波形は、常に、超音波受信装置によって記録された実際の波形と一致するものだ。

鳥のさえずりを聞き分けることは、テッドに大きな存在意義をもたらしている。「鳥の鳴き声は、僕にしてみると、鳥の姿に負けず劣らずリアルなんだよ」と彼は言う。「目の中の光子だろうと、蝸牛の中でぶつかり合う空気の分子だろうと、リアルに存在するものがフィルターを通って表出してくる。それが僕には魅力なんだ」

ポール・メシエも、美術品の保存修復家である。好んで扱うのは、写真だ。イェール大学レンズメディア研究所の所長を務め、ロシアのサンクト・ペテルブルクにあるエルミタージュ美術館の写真修復プロジェクトにも共同責任者として関わっている。ポールの場合は、探偵さながらのスリルを味わいたいというのが最大の動機だ。実は、彼は写真の真偽鑑定における最高権威のひとりなのだ。写真の偽造を暴く彼の能力は、世界的に高く評価されている。ちなみに、偽の写真を見抜くことにかけては第一人者でありたいという欲求を満たすために、これまで彼が集めた印画紙は、世界最大のコレクションになっているという。

さらにもうひとり、平面的な美術品に心を動かされる人がいる。その名はキース・クラーク。少年の頃から彼が惹かれていたのは、地図だった。キースもまた美しい色彩や完璧な線や面白い構図が好きだった。しかし何よりも彼を魅了していたのは、そこに情報が含まれていることだった。つまり、アイデアとデータが圧縮された形で濃密に収められているという事実だ。現在、キースは世界屈指の地図製作者のひとりであると同時に、デジタル地図製作のパイオニアでもあり、紙の地図より高機能で緻密な情報を含む地図に取り組んでいる。また、冷戦時代の衛星画像・氷河の動き・遺跡の発掘・ブラジルの森林消失・世界最古の地図の識別についての重要な研究もおこなった。

ダークホースたちは、「競争心」や「創造性の希求」のような（よく褒めそやされる）普遍的で漠然とした動機とは対照的に、**きめ細かく特定された、自分自身の（いわば偏った）好み**

や興味に突き動かされていたことを明らかにしている。

あなたが充足感を得たいなら、まず、厳密に何が〝あなたの帆〟に風を吹き込むかを知らなければならないということだ。他の人が考える、あなた向きの原動力ではいけない。

だから **「小さなモチベーションを見つける」** が、ダークホース的な発想の最重要かつ第一の要素なのだ。あなた自身の好みや関心、興味を尊重せずに、「標準化されたシステムが考えるあなたの好み」に沿って進むと、良くないことが起きる。

それはソール・シャピロに訊いてみるといい。

金、地位、名誉……「本当にそれはあなたが最も欲しいものか？」

ソールには、一見、変わった欲求があるように見える。彼は、物体を真っすぐに並べることが好きなのだ。何か斜めになっている物、たとえば、ショッピングカートのガタガタする不安定なキャスターや、傾いた絵の額縁などに遭遇するたび、その物体がきちんと真っすぐになるまで調整せずにいられない。まるで、彼の心が透明の滑車装置にたぐり寄せられるかのように。物体を真っすぐに並べたいという衝動、これこそが偽りのない、強力な、そして極めて個人的なソールの欲求なのだ。

大学時代に、彼の心が最も満たされた思い出のひとつは、木工デザインの教授から「木片を手彫りで球にせよ」という課題が出されたときのことだ。ソールは、この課題に夢中になった。

立方体の木片をのみで削って荒い球形にした後、ソールはその球をいつももち歩くバッグに入れた。そして一日中、手をバッグに突っ込んでは、球の表面のでこぼこを探り、サンドペーパーを使って滑らかにした。どのような凹みも出っ張りも、完全な球面を乱すものはすべて取り除く。この行為が、ソールの心を喜びで満たした。出来上がった球を提出すると、教授は驚嘆した。そして、入念に球の曲率《きょくりつ》を計測した教授は、「機械は使わなかった」というソールの言葉を信じようとしなかった。たくさんの時間をかけて根気よく努力した結果なのだ、とソールが主張して、ようやく教授は理解してくれたが、そのとき「これほどの球は、これまで一度も見たことがない」と言われたそうだ。ソールのつくった球は、完璧だったのだ。

あなたは、こう思っているかもしれない。「それはすごい。……でも、そういう変わった欲求から出てくるやる気って、どんな職業だと発揮できるんだ?」

驚くなかれ。ひとつの可能性として「歯列矯正」がある。この職業の中心的な仕事は、患者の曲がった歯を真っすぐにすること。そして、もうひとつの可能性は、ソール本人が選んだ仕事だ。

一九八〇年代に、彼は技師としてある会社に就職する。その会社は、技術的に困難な問題に挑もうとしていた。従来の銅線上の電気的な信号をレーザー信号に変えて光ファイバー・ケーブルに送るためにインターフェースを開発するという問題だ。砂粒ほどのサイズの半導体チップを人間の髪の毛ほどの細い繊維に寸分たがわず配列しなければならない。ミクロン単位の精密さが要求される作業だ。ソールが入社したとき、社内はおろか他のどこにも、この決定的に重要な配列に成功した者はいなかった。ところがソールにとっては、自分の最も強力な欲求に訴えてくる、魅力的な問題だった。彼は、この問題を片手で（いや、両手で）解決させた。

ソールがつくったインターフェースは、電気通信産業のいたる所で幅広く採用された。

ソールのデバイスで、会社はひと財産を成した。しかし彼自身は、ほんのわずかなボーナスを受け取っただけだった。このときまで、ソールは何の不満もなく技師の仕事をしていたが、初めて、自分の役割に疑問を抱き始めた。

「ＭＢＡ（経営学修士号）を取得した連中がプレゼンテーションをするのを僕もよく目にしたけど、彼らは僕よりはるかに大金を稼いでいたんだよ。それに、会社の経営までするようになっていた。僕も、ああいう連中の仲間入りしたほうが良さそうだって、内心、思い始めたんだ」

そのため、ソールは充足感が得られる技師の仕事を捨てて、中間管理職の座に就いた。率直に言って、ソールのもっているいくつかの「小さなモチベーション」は、管理職の担う役割とは今ひとつ相性が良くなかった。部下を監督することも、あるいは、部下を信頼して物事を処理していくことも、彼には面白くない。人当たりがとても良く、親しみを感じさせる性格なのに、ソールは人脈づくりや職場での駆け引きに興味がなく、また、自分の考えを他者に伝えることや、自分の意見を他者に納得させることにも、あまり気が向かないところがある。

その一方で、彼のもっている最も強力な動機のいくつか、たとえば、手を使って作業すること・面白い装置や機械をいじること・数学的な計算をすること・ひとりで仕事すること、そしてもちろん、物体を真っすぐに並べることは、部長の地位に就いた途端、ほとんど完全に無視されることになる。

ソールは、この豊富で個人的な動機のすべてを、二つの欲求と引き換えに手放した。ひとつは、収入増。もうひとつは、会社の経営戦略についての発言権だ。MITスローン校（経営学科）でMBAに相当する資格を取得すると、その後の十六年をソールは中間管理職として、いくつかのメディアと科学技術系の会社を渡り歩いて過ごした。案の定、苦労が多い割には充実感のない毎日だった。五十歳になったとき、初めて、ソールは見切りをつけることに決める。

しかし残念ながら、以前の職種には戻れなかった。技師として働いていた頃から、既に二十年以上が経過し、その間にインターネットが急速に発展、科学技術の分野は大きく様変わりしていた。彼の技術はひどく時代遅れになっていたのだ。

「自分が好きなこと」を組み合わせれば、可能性は無限大！

そして、ソールに転機が訪れた。

新しいビジネスをゼロから始めるのではなく、何かのフランチャイズ権を買うことはできないものか、と考えるようになる。

仲介業者と会って、ニューヨーク周辺にある手頃なフランチャイズ事業をいくつか紹介してもらった。まずは、高齢者福祉サービスの会社。まったく興味なし。次は人材派遣業。求人や従業員対応の仕事はまっぴら御免。ところが、ひとつ、ソールの目を引く掘り出し物があった。

家具および室内装飾の修理業だ。

まったくと言っていいほど未知の業種だが、見た瞬間、ソールはピンときた。この仕事の成否は、素材・質感・色合いがすべて元の製品と正確に一致するように修理できるかどうかにかかっている。そして、この工程こそ自分が楽しめることだ、と。

従業員を監視する必要もなく、何もかも単独で進めることができる。手作業で仕事ができるし、自分の仕事の成果をすぐに見ることもできる。これはソールにとって重要なポイントだ。さらに、実店舗をもたずに自宅でビジネスを展開できる。顧客の住まいやオフィスに出向いて修理をすることになるからだ。市内を移動するだけの仕事だから、頻繁に自転車に乗れることにもなる。これも、おまけの楽しみだった。

二〇一三年、五七歳にして、ソールは「ファイバーニュー・アップホルスタリー・リペア」フランチャイズ店をマンハッタンにオープンする。

あなたがもし、代々受け継いだ肘掛け椅子の擦り切れを直したり、革張りのソファについた染みを取ったり、車のシートの破れ目を継ぎ合わせたりしたことがあったなら、その補修個所を隠すのがどれほど難しいか察しがつくだろう。しかし、ソールはあっという間に素晴らしい技量をもって補修することができた。自分の最も強いモチベーションの数々を総動員することができるからだ。

ソールは優れた職人技で仕事をこなし、多くの顧客から高評価のレビューが寄せられるようになる。二〇一五年には、雑誌『ニューヨーク』から「市内で最高の本革製ソファ修理人」に選定された。

「これまでやってきたどの仕事よりも、今の仕事で僕は幸福を感じている」とソールは語る。「ほぼ毎日、仕事を楽しんでいるよ。それに、経済的にも安定している。僕はようやく、自分の性格に合わせて暮らし向きを〝配列させる〟ことができるようになったんだ」

「判定ゲーム」で自分の隠れた願望をザクザク掘り起こせ！

「自分の中の小さなモチベーションを掘り出すこと」の大切さをわかってもらえただろう。しかし、それを突き止めるのは至難の業だ。だが幸いにも、毎日あなたが直感的にやっていることを利用して、あなたの隠れた小さなモチベーションを発見し、光にかざして見ることができる。

私たちはこれを**「判定ゲーム**（the game of judgment）**」**と呼んでいる。

過去一週間に何回あなたは他人をジャッジ（評価）しただろうか？　同僚、テレビのニュースキャスター、レジの列に並んだ見知らぬ人など、相手は誰でもいい。

こういう咄嗟のジャッジは、他者についてあれこれと断じるだけでなく、実は、フィルターのかかっていない自分の反応であり、それによって自分自身について知ることができるのだ。
あなたの小さなモチベーションに含まれるのは、微妙な好み、素朴な欲求、そして個人的に抱く願望だ。この「判定ゲーム」の目標は、他者に対する自分の直感的な反応を使って、あなたの心の奥の琴線に迫り、その源まで辿っていくことだ。

判定ゲームには三つのステップがある。第一のステップは、**自分が他者をジャッジ（評価）している瞬間を意識すること**。いつ評価しているか、だ。人は誰でも、常に他者をジャッジしている。郵便配達、警察官、マッサージ師、近所の人、店員、政治についてツイートする人など。他者に反応するのは、人間として当たり前のことだ。ただし、これからは、どんなときに、評価しているのか自覚する必要がある。

第二のステップは、**他者を反射的に評価しながら、どういう気持ちが湧いてきたかを見極めること**。肯定的だろうと否定的だろうと、拍手を送りたい気分だろうと非難を浴びせたい気分だろうと、とにかく強い感情が表われるかどうかを自覚する。

第三のステップは、**他者に対してなぜそのような気持ちを抱いたのか自問すること**。自分に正直になることが大切だ。これを物理学者リチャード・ファインマンは、次の言葉で警告している。

「自分自身を欺いてはならない。――そして、自分以上に欺きやすい人間はいない」
もし自分がその人のように生きていたら、どういうことが好きで、どういうことが嫌いか。

この問いに焦点を置くのだ。たとえば、有名人のインタビューを見ているうちに、気がついたらこう考えていたとしよう。

「富や名声を追いかけて、人は本当に幸せになれるだろうか?」

こうなると、おそらく金と称賛は、あなたにとって強い動機づけとなる要因ではないだろうということがわかる。

一方、ソール・シャピロの物語に対して、こう思ったとしたらどうだろうか。「ちょっと待ってよ。……この人ってしょせんは、家具なんかの修理屋でしょ。彼のことまで成功者だなんて思う振りはよそうよ!」――あなたは、たった今、自分自身について貴重なことを知ったと言える。あなたには、地位と称賛が大きな意味をもっている、ということになるのだ。

そんなふうで問題ない。そこが大事なところだ。**充足感を得るためには、自分の心に火をつけるものに――それが何であれ――正直に向き合わなければならない。**

「ちょっと変わった嗜好」でも堂々と好きと認めよう

忘れてならないのは、「判定ゲーム」の目的は他者の長所と欠点を冷淡に値踏みすることではないということ。あなたは客観的な振りを一切してはならないし、そうでなければ、誤った結果が出てしまう。あくまでも、目標は自分の強い感情的な反応を知り、それを使ってあなた自身の隠れた欲求の全容を探り出すことにある。

標準化されたシステムが広く行き渡り、深く浸透しているために、「判定ゲーム」には難しいところがある。なかでも最も難しいのが、**「なんらかの普遍的な動機によって意欲をかき立てられるべきだ」**という意識に抗しきれないところだ。この意識があるために、自分の本当の欲求を見過ごしたり軽視したりしてしまう。しかし、判定ゲームはその呪縛を解くことができる。ただし、それはあなたが注意深く具体的に取り組んだ場合だ。

仮に、パークレンジャーを評価しているとしよう。あなたは最初にこう思うかもしれない。「一日中、外にいて自然に触れられるなんて、きっと気分最高だろうな!」あるいは、借金の取り立て人を判定しているとしたら、あなたの最初の反応は「いやあ、なんとも気分爽快だろうな。借金を踏み倒すやつらを見つけ出して、きっちり耳をそろえて返金させるなんてさ!」かもしれない。そこで止まらず、あなたの気持ちをふるいにかけ続けよう。パークレンジャーなら、あなたはこう思い至るかもしれない。「いつも外にいるのは良いけど、どう見ても孤独な仕事だ。あんな孤立状態が毎日続くとなると、ちょっと僕には耐えられないな」

この段階で、あなたは小さなモチベーションになり得る二つの欲求を探り出せたことになる。ひとつは、自然に触れること。もうひとつは、社会との安定した結びつきだ。

借金の取り立て人なら、どちらがあなたをより興奮させるのか見極めてみよう。負債者の居所を突き止めるまでの過程か、借金を全額支払わせる行為か。あなたを活気づかせるのは、追っ手をまいて逃げようとする人を捕まえることだろうか？　それとも、フェアプレーの使者として正義を行使することだろうか？

「自分の小さなモチベーションを探り出すこと」に関しては、詳細な吟味が重要だ。

あなたが目新しい環境に身を置いていようと、ほぼ毎日変わらない状況の中にいようと、その状況について正確に何が好きか、または何が嫌いか注目するように心がけよう。

あなたが学生で、数学の授業中に退屈したりイラついたりしたときも、自分の感情の源が厳密に何なのか見極めることが大事だ。単に「数学が嫌いだ」ではなく、その奥にあるものを見つけ出そう。

そのために、こう自問してみるといい。「先生のダラダラとした話し言葉を聴いていると、苦痛を感じる？——本に書かれた言葉を読むほうがいい？」「他の学生が近くに居すぎて、気持ちが落ち着かない？——もっと物理的な空間が必要？」「長いこと黙っているのが苦しい？——他の人たちと意見を交わしたくてたまらなくなる？」「事実とか方程式より、物語を聞きたい？」

こうした問いへの反応が、それぞれに極めて異なる小さなモチベーションの反映なのだ。他者に対する咄嗟の反応を（自分の動機を知るために）活用するコツがつかめたら、「判定ゲーム」をあなたの体験するすべてのことに応用できるようになる。

自分の感情的な反応に気づき、その意味を深く知るようになると、人生のあらゆる場面が、自己究明のラボになり得る。

「自らの情熱には従ってはいけない！」その理由

西洋社会では、われわれはよく**「自らの情熱に従え」**と言われる。この指示における「情熱」とは、われわれの奥深くにあるエネルギーの源から生まれた、「単一指向の力」だと捉えられる。ちょうど、地球の中心で発生する磁力が常に北を指しているように。われわれは、自分の情熱を抑えることも、その方向を変えることもできない。われわれにできるのは、ただ、確固たる情熱の矢の示す線に真っすぐ沿うように、人生の方向を変えることだけだ。

この指示は、標準化されたシステムの枠内に完璧に収まる。何しろ、一次元的な動機だけを心に留めて、上に向かって邁進するエリート職が好まれる仕組みだ。まずは、あなたが自分の目的地を把握すること。あなたのモチベーションの分析がうまくいき、首尾よく唯一の白熱した力が発生すれば、あとはただ、遠くに見える出世コースの終着点をひとつ選ぶだけでいい。終着点までの道は、あなたの情熱という固定されたベクトルが一直線に示している。

たとえば、あなたが医学への情熱をもっているなら、医大に続く階段を登り始めるように促される。コンピュータに情熱を抱いているなら、シリコンバレーでの仕事に通じる進路を取るように指示される。

ダークホース的な考え方は、この指示を拒絶する。

ダークホースたちにとって、情熱は多次元的で動的なものであり、なおかつ、常に本人の意志で制御されるべきものである。

ダークホースたちが明らかにしているのは、情熱はあなたが従うものではなく、あなたが自分でつくり出し燃え立たせることが可能なものだということだ。

情熱を生み出し燃え立たせる鍵は、あなたの中で最も熱く燃えるひとつのモチベーションに従うことではない。むしろ、意図的にできるだけ多くの異なるモチベーションを活用することだ。あなたが認識し活用できる、**独特で細分化された「好きなこと」「小さなモチベーション」が多ければ多いほど、あなたは思う存分、自分の人生を切り開いていける。**

コリンは、プロのオーガナイザーとして生きる情熱をもっていると言うこともできる。それで間違ってはいないが、それだけでは、彼女のモチベーションの多彩な領域全体を捉えきれていない。コリンが自分の仕事に情熱を感じるのは、その仕事がいくつもの個人的な欲求を満たすからだ。つまり、物理的な空間をオーガナイズする欲求、人々の役に立ちたいという欲求（コリンは特に、在宅で専門職に従事する母親たちを助けることに喜びを感じる）、毎日何か違うことをする欲求、会社を経営する欲求、成長し変化する企業を築き上げる欲求など、これらすべてが満たされるからだ。このような様々なモチベーションの総和が相乗効果をもたらし、それがコリンの情熱の炎をさらに燃え立たせるのだ。

ダークホースたちにとって、**情熱はブロートーチ（点火する装置）**だ。それをどこに向けるかは、自分の中のどのモチベーションを活性化させるかで決まる。さらに、その火炎をいつでも強めることができる。なぜなら、**いつでも新しいモチベーションを見つけて燃料として使うことができる**からだ。

永遠に消えない！「やる気の炎」を燃やし続ける方法

情熱に従うことに特別な努力はいらないが、情熱を生み出し燃え立たせるには、それ相応の真剣さを要する。自分自身をもっと深く理解する、たゆまぬ努力が必要なのだ。情熱を生み出し燃え立たせるのは大変な仕事ではある。しかし、その恩恵はとてつもなく大きい。

「あなたの中にある小さなモチベーションを掘り出せ」たら、そのモチベーションを様々な組み合わせで活性化できる、様々な機会を得られることになるため、あなたの情熱は柔軟性をもつものになる。

これにより、あなたの情熱に含まれるようになるのが、標準化されたシステムの考え方に欠けているもの、すなわち、**持続性**である。

あなたのやる気は深く根差した耐久性のあるものだが、それでも時間の経過とともに変化することがある。二十歳のときに最も熱く燃えていた小さなモチベーションも、五十歳にはいくらか下火になるかもしれない。ところが、生み出されて燃え立たせられた情熱には適応性があるから、あなたは自分のモチベーションの変化に対応することができる。

その方法は、あなたの小さなモチベーションの新しい組み合わせを生かす、新しい機会を探し出すことだ。家具および室内装飾の修理業と電気技師には、ほとんど接点がなさそうだが、ソール本人にとっては、この二つの職種は共通する小さなモチベーション――物体を配列すること、手作業で仕事をすること、ひとりで仕事をすること――によって繋がっている。二つの職種が、それぞれ異なる動機の組み合わせを活性化しているに過ぎないのだ。

これに引きかえ、あなたがもし何かひとつのこと、たとえば、コンピュータに一生かけて情熱を注ぐと決めたとしたら、コンピュータ産業での標準化された成功に向けてひたすら階段を上った挙げ句、ある日、コンピュータ画面を前に座っていることがどうにもつまらないと気づいても、標準化されたシステムがあなたを救う代替案を示してくれることはない。

しかし、自分で生み出し燃え上がらせた情熱は、もっと基本的なものだ。

それは絶えることのない原動力であるだけでなく、泉のように湧き出る、本当の自分として生きている実感である。

自分の中の小さなモチベーションをすべて幅広く受け入れたとき、あなたは大地に杭を打ち立てるだろう。

世界に向かって、**「これが本当の私です」**と宣言する杭を。

Chapter 3

know your Choices

運命は、偶然の問題ではなく、選択の問題である。
それは、待ち望むものではなく、成し遂げるものである。
――ウィリアム・ジェニングス・ブライアン（政治家）

「自分に合った道を」を選択する

――【ルール②】一般的なリスクは無視していい

3
Chapter
know your Choices

なぜ、ダークホースたちは、大胆な行動を取り、困難な道に全力で挑み続けられるのか

モラハラ夫に虐げられ続けた女性が「誓ったこと」

スーザン・ロジャーズは、ボストンにあるバークリー音楽大学の教授であり、同大学の「音楽の知覚と認知研究所」の所長も務めている。とりわけ彼女が楽しんでいるのは、バークリーの学生たちと共に研究することだ。彼女に言わせると、学生たちは「世界で一番聡明で才能豊かな若き音楽家たち」なのだそうだ。

学生側も、彼女に対して同じ気持ちであり、スーザンは教授陣の中で最も人気のあるメンバーのひとりだ。人気の理由も簡単にわかる。人に寛容で自分に厳しい、物事を見る目が楽観的、言うべきときにはきっぱりと率直に物を言う。そんな人柄ゆえ、彼女と会話した誰もが彼女に魅了される。

スーザンは自力で道を切り開き、大学に所属する科学者という地位を築いた。多くのSTEM（理系）学生がいつの日か就きたいと憧れる仕事だ。学術研究において成功を収めるための標準的な出世コースはあるが、スーザンが辿ったのはそのルートではない。彼女は、迂回路の人生を歩んできた。

十四歳のときに、母親をがんで亡くした。スーザンとその兄弟三人は、カリフォルニア州アナハイムで父親に育てられる。料理や掃除なども含めて、家の切り盛りはスーザンひとりの肩にかかっていた。絶え間ない家事労働と、父が再婚した後の家庭内の張りつめた雰囲気や日常化した言い争いから逃避したい一心で、スーザンは高校を中退し、二十一歳のボーイフレンドと結婚する。「とにかく脱け出したかったの」とスーザンは語る。「結婚すれば、私自身のことに責任がもてると思ったのよ。わずかでも年上の男性に保護された状態でね。あの当時は、それがどんなに甘い考えかわかっていなかったの」

夫は、嫉妬心が強く、急に怒り狂うところがあった。彼女が別の男に目を向けたと疑うと、夫は激怒し暴力的になる。夫はそういう疑いを不運にも頻繁に抱いた。容赦なく続く暴力からの救いを求めて、スーザンは音楽に慰めと安らぎを見出す。

物心ついた頃からずっと、スーザンはレコード盤の奏でるメロディに、畏敬の念に近い興奮を感じていた。ロックとブルースを幅広く楽しんだが、一番のお気に入りは、ジェームズ・ブラウン、マーヴィン・ゲイ、スティービー・ワンダー、スライ・ストーンだった。「ソウルこそが、私の居場所だったわ」とスーザン。「ソウルが、私の共鳴周波数だったの」
おそらく驚くことでもないが、夫は彼女の音楽への興味にも嫉妬するようになった。レコードを隠したり、ときには、叩き割ったりもした。彼女への夫の嫌がらせは、家の外にまで及んだ。

ある夜、スーザンはレッド・ツェッペリンのコンサートに出かける。会場は、ロサンジェルスのザ・フォーラム。
「コンサートには、職場の友だちと大勢で繰り出したの。いろんな段取りは私が全部つけて、夫はしぶしぶだけど外出を許可してくれた。でも、十時半までに帰宅しろっていう命令つき。ツェッペリンが演奏を始めたのは九時、そして十時にはもう、『こんなに素晴らしいコンサートは生まれて初めてだ』とはっきり思った。途中で帰ったら、この信じられないほどの感動を逃してしまう。それに、子どもみたいで恥ずかしい。だけど帰らなかったら、顔を殴られるかもしれない……」

スーザンは深い溜め息を吐くと、こう続けた。「結局、顔を殴られないほうを選んだわ」

しかし、ザ・フォーラムから立ち去るとき、急に激しい感情がこみ上げ、スーザンは誓いを立てる。「スカーレット・オハラみたいだって自分でも思うけど、間違いなく本当のこと。屋根を見上げて、全能なる神に誓ったのよ。『**いつの日か、私はここ、ザ・フォーラムに戻って来ます。そうして、ライブサウンドのミキシングをするでしょう**』って」

これはまるで雲をつかむような誓約だ。スーザンは音楽業界と無縁なばかりか、サウンド・ミキシングについて何の知識もなかった。唯一の関係性は、彼女が熱烈な音楽ファンであり、コンサートに行き、レコードを聴いていたこと。仕事は、バイオメディカル製品の製造工場で、丹念に心臓弁をステント（訳注：人体の血管などの狭窄部を内部から広げる管状の医療機器）に縫いつけて、心臓病患者に移植する補助人工心臓をつくることだった。

楽器は何ひとつ演奏したことがなく、音楽機器を触ったことも一度もなかった。サウンドミキサーになる方法について何の手がかりもなく、その仕事の中身についてもぼんやりとしたイメージしか持ち合わせていなかった。

さらには、音楽好きの彼女を毎日けなす男と暮らしていた。ツェッペリンのコンサートからしばらく経った日のこと、スーザンはテーブルに向かい、何とはなしに落書きのような絵を描いていた。そこへいきなり夫が近づいて来て、こう吐き捨てた。「ロックスターのでかいイチモツでも描いて、しゃぶったらどうだ」

これがスーザンの転機になる。

これまでも夫からひどい言葉を浴びせられてきたが、今度ばかりは腹に据えかねた。長い間の苦痛と怒りが一気に噴出する。「あまりに不愉快で」とスーザンは説明する。「あまりに理不尽で、あまりに愚劣で……。夫は、その後、何食わぬ顔で家から出て行ったの。そのとき、ふと思った。もういい加減、どうするか選んでもいいんじゃないかって」

スーザンは立ち上がり、バッグを手に取ると、玄関から外に出る。そのまま歩き続け、カリフォルニア州ロングビーチの街も通り抜ける。そして最終的に、モーテルにチェックインする。スーザンは二度と家に戻らず、一週間後、離婚を申し立てた。

「私は、本当の自分を見つける選択をしたの」とスーザンは言う。「これからは自分だけの選択をする。そうできる道を選択したのよ」

「人生の選択権は自分にある」は盛大な勘違い!?

「選択」することで、あなたの個性が行動に表われる。

情熱を目的に変換するための手段、それが選択だ。


社会が個別化するにつれて、われわれの選択肢は爆発的に増えた。

ほんの三十年前には、アメリカのテレビには四つの民間放送しか流れていなかった。現在は、ひとつのケーブルテレビ局だけで六百以上のチャンネルを提供している。炭酸飲料といえばコークとペプシの二つだけだったひと昔前と違って、今では、コンビニに行くたびに新しいブランドの飲料水を見つけるほどだ。

しかし、この現象すら、インターネットから繰り出される選択肢の急激な増加に比べたらかすんでしまう。Ａｍａｚｏｎだけでも五億品目以上の製品を扱っている。このように、ネット販売の商品急増は、まるで超新星の大爆発並であり、実店舗に足を運んで買い物をしなければならなかった時代とは比べ物にならない選択肢の幅がある。

われわれは今、消費者に選択権がある「黄金の時代」に生きている。しかし学校や職業など、人生に関わる重大な「選択」ということになると、事態はほとんど変わっていない。

それは、**標準化されたシステムがあなたから大きな意味をもつ選択を取り上げ、組織の手に渡してしまった**からだ。結局のところ、これが標準化を推進する大前提のひとつなのだ。つまり、目的はシステムの効率を上げること。その手段は、すべての決定権を労働者と学生から奪い、マネージャーと学校管理者に委ねることという前提だ。

「他の皆と同じでいい。ただ、他の皆より優秀でいなさい」というのは、個人の選択を促す趣旨のものではない。実は、その逆だ。**標準化された教育システムでは、あなたが選べないものがいくつもある。**受講コースの期間、指導法、教科書、学習ペース、ときには、どのコースを受講するかさえ選べない。ほとんどの場合、担当講師も、クラスの定員も、講義の時間も、必修コースに使う費用も、あなたは選択できない。たいていの職業は、特定の専門教育を受けていなければ、採用を検討してももらえない。

ほとんど同じことがビジネス界にも言える。「出世の階段」は、根拠なく生まれた言葉ではないのだ。たいていの大企業では、**あなたの選択肢は「上昇する」か「出て行く」かのどちらかだ。**実のところ、「昇進か離職か」の二者択一が、学術研究、経理、経営コンサルティング、軍事、外交、そしてシリコンバレーの大半のＩＴ企業など、多くの業界で正式な方針として認められている。

これこそ、標準化があなたの個性を密かに失わせる最も効果的な方法である。すなわち、**選択の機会をあなたから奪うことだ。**

「どの大学へ行くか」――〝選択〟ではなく〝指定〟しただけ

われわれに機会を提供する側の組織は、「個人に選択権がないこと」を批判されると、個人にも一握りの選択権があることを指摘して切り返してくる。

「あなた方は、どの大学に行くか選べる！　何を専攻するか選べる！　そして手にした卒業証書で何をするかも、あなた方次第だ！」と。

標準化されたシステムのもとでは、確かに、こういう選択は、個人の決断として最も重要な問題だ。しかし、これを選択と呼ぶのはこじつけと言えなくもない。実際のところは、**「選択」を「二択か三択」にすり替えている**のだ。

たとえば、どの大学に進学するか、あなたに選択の自由がありそうな場合でも、実は、どの大学が実際にあなたに入学許可を出すかですべてが決まる。あなたは、どの大学に行くか選択するのではなく、あなたに入学許可を出した大学のリストからひとつ指定するだけだ。この違いは、レストランのメニューからメイン料理を指定することと、スーパーマーケットにある食材を自由に使って夕食に何をつくるか選択することとの違いと同質のものである。**「選択」は本来、能動的なプロセスだ。**あなたに選択の自由がある場合、あなたは自分自身の機会をつくり出すことができる。――他の誰も思いつかないような選択肢も含めて。

一方で、**「指定する」のは、受動的なプロセスである。**あなたが提示された選択肢からひとつ指定する場合、既に他の誰かが本当の選択を済ませ、あなたは単に差し出されたチョコレートの箱から一粒だけ摘み上げているに過ぎない。

多くの権威ある人々が、このような選択権無視による自主性の縮小は、あなた自身のためなのだと思わせようとさえしている。

最近、私たちが学術研究者たちの前で個別学習について講演をしたとき、ある主要大学の経営者が立ち上がり、学生に今以上の選択肢を提供することは理想的すぎると反論した。「あなた方は、実際に学部生を指導しているのですか?」とその人物は質問し、「学生に進路を選ぶ自由を与えてはいけませんよ。そんなことをしたら、彼らは何もしないことを選んでしまいます!」と主張した。

自説を裏づけるために、彼は**「選択のパラドックス」**として知られる現象を引き合いに出したが、私たちはそれを**「シャンプーの問題」**と呼んでもいいと思っている。彼の指摘は、もっともなようにも聞こえた。人は、幅広く多様な選択肢からひとつだけ選ぶとなると、その選択肢の数に圧倒され思考が麻痺してしまい、手当たり次第にただ目立つものを選んだり、あるいは、選ぶこと自体を拒否したりするという調査結果があると言うのだ。

「学生に何の制約も与えず選択をさせるのは、シャンプー一本を、陳列棚に並ぶ百種類ものブランドから選ばせるのと同じことです」と彼は断言した。

「ほとんどが、単純に一番安いシャンプーを手に取るでしょう。しかし、情報通の消費者なら、コンシューマー・リポーツ（訳注：アメリカの消費者向け月刊誌）が最高だとランクづけたシャンプーを選びます。膨大な選択肢がある場合、最も賢いのは信頼できる情報筋からヒントをもらうことだからです」

彼の言う通りだろうか？　それとも「シャンプーの問題」にも解決法はあるだろうか？

「選択のパラドックス」を一瞬で解決する方法

あなたがもし鳥だったら、どこを生息地に選ぶだろう。アマゾン流域の熱帯雨林？　チベット高原の高地？　ミネソタ州の涼しい湖？　あらゆる場所に住めそうで、一カ所に絞るなど途方もないことに思える。

しかし、あなたがもし本当に鳥だったら、どこに棲《す》むかを選ぶのは難しくない。単純に、あなたがどういう種類の鳥かで選べばいいからだ。

ペンギンだったら、あなたは美味しい小魚が豊富な寒い海岸を選ぶだろう。ハチドリだったら、蜜がたっぷりの花が育つ温暖な気候の一帯を選ぶだろう。ハヤブサだったら、山岳地帯の岩場を選んで巣をつくり、そこから急降下しては無数の小さな鳥を難なく捕まえるだろう。どこに棲むかとなると、それぞれのタイプの鳥が、——他のあらゆる生き物と同じように——独自の必要性と好みを満たす場所を選ぶのだ。

これは、私たちが研究する「個性学」で言う**「フィット」**という概念の一例である。つまり、**あなたの個性とあなたを取り巻く状況が適合すること。**また、「フィット」は、「シャンプーの問題」に対する解決法でもある。

確かに、百個の異なるシャンプーからひとつを選ぶのは至難の業だろう。だがもし、あなたが自分はどういう人間か、そして、どういう物が欲しいか知っていれば話は別だ。自分の髪質の問題と自分の好みを知っていれば知っているほど、簡単にシャンプーを選ぶことができる。

もし髪質が脂っぽく、染めていて、頭皮が痒く、天然由来成分だけの製品が欲しくて、動物でテストした製品はイヤだというなら、そういったシャンプーを選ぶだろう。もしパサついた髪質で、パーマで傷んでいて、ビタミン豊富な保湿成分が必要なら、そういった効能のシャンプーを試すだろう。ふけ症に悩んでいて、とにかく安くて効果のあるシャンプーが欲しく、花や果実の香りなどいらないなら、あまり迷わずに手に取るかもしれない。シャンプー選びのような単純な問題においてさえ、あなたの個性は重要なのだ。

対照的に、「シャンプー問題」に対して教育制度が提示する解決法は、学校管理者にどのシャンプーが平均的に最も効果があるか——あるいは、おそらく、どのシャンプーが最も簡単に安く提供できるか――決めさせ、その後、あなたに制度的に承認されたブランドを使うように要求する方式だ。もしいくつかの選択肢が提示されたとしても、事態が特に良くなるわけではない。結局のところ、**この上から下へのトップダウン式のシステムは、あなたにではなく、制度に都合よくつくられているのだ。**

本当の選択権とは、あなた自身の中にある「好きなこと」「小さなモチベーション」が、より多く生かされる機会を見つけて選ぶ権利である。選択権は、あなたが目的をつくり出す権利、ひいては、充足感を得る権利なのだ。もし自分の個性にフィットする選択肢を自由に探せるなら、あなたは今まで誰も気づかなかったチャンスを発見するかもしれない。

ハヤブサにフィットする生息地は多種多様に存在する。たとえば、カリフォルニアにある海辺の崖、中央アジアのヒンドゥークシュ山脈、オーストラリアのサザン・テーブルランド。しかしハヤブサは、意外な場所でも繁殖している。マンハッタン島だ。高層ビルが建ち並ぶニューヨークには、ハヤブサが安全に巣づくりでき、公園や街路を上から見渡せる場所がある。無数の太ったハト、ムクドリ、クロウタドリ、アオカケスが街中を飛び回り、ハヤブサからすると獲物を奪い合う敵もいない。ハヤブサが棲みついたときは専門家も驚いていたが、この鳥がガラスと鋼鉄の市街地に生息することを選んだのは、ハヤブサの好みとマンハッタンの都市環境がフィットしたからに他ならない。

あなたがどう学び、働き、生きるか、自分自身で選択する能力を得たら、あなたもハヤブサのように、自分に適した居場所を探し求めるだろう。あなたに最適なのはヒマラヤ山脈かもしれないし、ウォール街かもしれない。あるいは、その両方かもしれない。

しかし、確実に探し出す唯一の方法は、**自分自身の「能動的な選択」**だ。他人を当てにして、自分に何が最適かを教えてもらったり、真っすぐな道に盲目的に従ったりすると、最後にはとんでもない目的地に着いてしまうかもしれない。

だから、ダークホース的な発想の第二の要素は、**「自分に合った選択を探し出すこと」**なのだ。

確かに、各分野の権威は、あなた以上に天文学や造園や音楽について詳しいだろう。しかし、あなたのことについて誰よりも詳しいのは、あなた自身である。そして、この**「自分を理解すること」**こそが、何よりも力を発揮するということを、ダークホースたちは明らかにしてくれる。

自分の「好き」を羅針盤にして人生を切り開く

夫のもとを去った後、スーザン・ロジャーズは自分で仕事を選べる立場に初めて立った。自分の個性にフィットする仕事を選択するチャンスの到来だ。

このとき既に、スーザンは学校に戻りたくないことを自覚していた。製造工場での仕事を続けたくもなかった。スーザンを突き動かす最も強いモチベーションは、音楽に対する興味だった。何か音楽的なことで身を立てる道はあるだろうか？

これを見極めるために、スーザンは自分の中にあるいくつもの「小さなモチベーション」をすべて検討してみる。若い頃の音楽への情熱は、ロックスターを夢見るきっかけになることが多い。しかし、スーザンにとってこれは除外してよい問題だ。歌うことにも、楽器の演奏を習うことにも興味はなかった。舞台に立ち、大勢の聴衆の前で自ら音楽的な才能を披露することなど、まったく魅力を感じない。その一方で、長年にわたって、家族や夫の世話をしてきたスーザンは、周りの人たちを支えるのが性に合っていることを自覚していた。ただ、自分の努力が認められないときだけ、スーザンはその裏方の役回りに嫌気がさしたのだ。周りの人たちに気づかれ感謝されたら、それだけで大満足だった。

スーザンは、工学技術にも興味があった。小さな装置や電気器具をいじるのが好きで、中の部品がひとつ欠けると動かなくなるなどということを自分で確かめるのも好きだった。幼い頃は、チャティ・キャシーという喋る人形を分解して、小さなレコードプレーヤーと粗末な針を見つけたこともある。コーンフレークの箱におまけで入っていた曲がるレコードも大好きで、そのプラスティック面にコード化パターンが「書き込まれて」いることに驚嘆したものだ。バイオメディカル製品の製造工場に勤めていたときも、組立チームのリーダーに抜擢されていた。心臓弁をステントに正確に縫いつけるという複雑な手作業に、スーザンは優れた能力を発揮していたからだ。そして、高校は中退したが、在学中はずっと、物がどう機能するかを把握することに重点を置く科学に惹かれていた。

ロサンジェルスのザ・フォーラムで、サウンド・ミキシングをするという誓いを口走ったのは、もっていた一枚のアルバムのせいだった。ソニー&シェールのデビューアルバム『Look at Us』のケースの裏に写真があり、男がひとりスタジオ録音の制御盤の前に座っていた。写真のキャプションに「音響技師」とあった。

「あの写真を初めて見たとき、今でも覚えているけど、『これこそ私だわ』と思ったのよ。あの装置の何から何まで、自分で操作しているところが想像できたの。どういう目的で使うのか見当もつかなかったのに」とスーザンは言う。彼女流の「判定ゲーム」だ。

「今こそ、どうすべきか見極めようと思った。そして気づいたの。録音スタジオにある装置の担当者になれたら、私はとっても楽しめるんじゃないかって。ミュージシャンを裏方で支えながら装置を扱えるんだもの」

一九七八年、スーザンはプロの音響技師になる道を探そうと決心する。残念なことに、標準のルートには問題があった。一年間学校に通って資格を取らなければ、現場で仕事をする技師の見習いにはなれない。この選択肢の良い点は、スーザンの住むハリウッドのサンセット大通りにあるサウンド・アーツ大学で最高の音響コースを受講できることだ。講師陣は、レコード産業の世界的中心地ロサンジェルスで、メジャーなバンドやレコード制作会社に雇われている現役の音響技師たち。彼らは、小遣い稼ぎのために大学で教えていたのだ。一方でこの選択肢の悪い点は、スーザンが授業料の三千ドルをもっていないことだった。

さらに悪いことに、音楽産業における技術職はほぼ男性に占められていた。業界に個人的な人脈のないスーザンは、誰かに頼んで現役の技師に紹介してもらうことも、性差を超えた橋渡しをしてもらうことも、また、手本にできる女性エンジニアを見つけて連絡を試みることも不可能だった。

音響技師になる真っすぐな道は完全に閉ざされたも同然だ。そこでスーザンは、既存の選択肢を諦め、かわりに型破りな可能性に目を向ける。自分の個性を舵取り役にして、「能動的な選択」をしたのだ。なんと、彼女はサウンド・アーツ大学の受付係になった。

標準化されたシステムから見れば、これは馬鹿げた決断だ。この仕事は事務職であって、技術職ではないし、臨時雇いから常勤に変わる保証すらない。しかし、彼女の選択は自分自身の小さなモチベーションを熟知したうえでのことだった。受付係は人の世話をする仕事だ。そして、スーザンはそういう仕事に意欲をかき立てられる。だから、きっと楽しくやりがいのある仕事になるだろうし、期待される以上に職務を果たすことができるだろう。また、この仕事から間接的に講師や教材に関わっていけるようになるかもしれない。そうなったら、音響技師になるのに必要な学習を自力で始められる。

スーザンは、また、独学を楽しめることも自覚していたので、独学で充分やっていける自信もあった。これは、この計画に欠かせない資質である。音楽産業に切り込んでいくために大学の受付係として働くというスーザンの決断は、傍《はた》からは疑問視されるかもしれないが、自分の中の小さなモチベーションも自分が置かれた状況も、そして自分にとって最適な機会かどうかも理解している本人にとっては、極めて筋の通った予測だった。

彼女は受付係として採用され、仕事中ずっと耳をよく澄ましていた。「ほんの数週間後のことよ。私の人生を変える言葉が、耳に飛び込んできたの」とスーザンは言う。教師と学生の間で交わされていた会話だった。学生が、雇用の安定した仕事に就きたいから、音楽業界に就職したくないと言ったので、思わずスーザンは聞き耳を立てる。名声にも財産にも興味はなかったが、この業界で安定した仕事がしたいと思っていたからだ。教師は「音楽業界で安定した雇用を確保したいなら、保守技術者になることだ」と応じた。スーザンは、すぐに思った。「よし、保守技術者になろう！　でもまずは、それが何か突き止めなくっちゃ！」

チャンスは「待つ」ではなく、「歩き回って見つける」！

保守技術者と録音技師の違いを知るのに、さほど時間はかからなかった。録音技師は、スタジオ録音の際にすべてのサウンドに責任をもつ。ちょうど映画の撮影技師のような仕事だ。一方、保守技術者は、映画でいえば撮影用カメラを組み立てたり分解したりする係。はっきり言って、地味な仕事だ。まずスポットライトを浴びることがない。スーザンにとっては、それはどうでもよかった。音楽業界で意味のある役割を担える可能性と、そして、何よりも欲しいもの——最前線で音楽制作に携わる——が与えられる可能性があるのだから。

やがてスーザンは、保守技術者になるには、電子機器について学ぶ必要があることに気づく。友人から、電子機器に独学で精通するには米軍発行の操作マニュアル一式が何よりも良いと聞き、早速、彼女は地元の陸軍徴兵事務所に電話で問い合わせた。すると、『電子機器マニュアル』を送ってくれるという。一週間後、自宅に届いたのは、直流原理からマイクロ波技術まで、すべてを網羅する大型のペーパーバック版マニュアル一式だった。

「とにかく貪《むさぼ》り読んだわ。起きている時間は、ずっとね。仕事場にももって行ったし、トイレにまでもち込んだ。どこに行っても、寸暇を惜しんで読んだの」

まだスタジオの電子機器を触ってみることもできなかったが、スーザンは暗記できるものはすべて暗記し、あらゆる装置がどう動くか視覚的にイメージした。ちょうど、オモチャの内部で何が起きているか、頭の中で思い描いていた昔のように。

受付の仕事に就いて八カ月が過ぎた頃、電気工学とスタジオ機器の基本的な知識が充分ついたと感じたスーザンは、転職先を探し始める。新聞の求人欄に、見習いオーディオ技師をひとり募集している会社があった。社名はオーディオ・インダストリーズ・コーポレーション。所在地は、ハリウッドのど真ん中。人気のメーカーのテープ機材とオーディオ制御盤の販売とアフターサービスをする会社だ。この業種なら、どのメジャーな音楽スタジオやレコード制作会社にもアクセスできる。ひとつのポジションに多数の応募があり、高い競争率だったが、スーザンは採用された。

「今も覚えているわ。一九七八年の十月、ここから私のキャリアは始まったの」採用された理由を私たちが尋ねると、スーザンはこう話してくれた。
「確かなことはわからないけど、私がすごく熱心だったってことだけは言えるわね。もう本当に喉から手が出るほど、あの仕事が欲しかったから。見習いの仕事にあそこまで熱心だなんて、たぶん今まで見たことなかったんでしょうね。それと、日頃どれだけ勉強しているか、毎日どんなふうに電子機器のことを学んでいるかも伝えたわ。あとは、そうね、仕事の中身が『サービス』だと理解しているということも伝えたわよ。それが、電子機器を扱って作品をつくり出す仕事を最も言い表している言葉だと思います、って」

彼女は見習い技師という役割を大いに楽しみ、まもなく、社内の四人の保守技術者のひとりとして仕事を任されるようになった。ロサンジェルス中の録音スタジオに出向いて、テープ機材と制御盤の点検保守をおこなう業務だ。まだ音楽が実際につくられる場面を見ることはなかったが、ついに業界の一員になったのだ。そして、ほどなく、彼女の熱意と才能が関係者の間で認められるようになる。

彼女が足繁く通ったスタジオのひとつ、ルディ・レコード（オーナーは、伝説のフォークロック・グループ「クロスビー、スティルス＆ナッシュ」のメンバー）から、フルタイムで仕事をしに来てほしいと頼まれた。スーザンは、やがてオファーを受けて、ルディ・レコード専属の保守技術者になった。

新しい仕事に就いてまもなく、スーザンは録音技師の助手としてライブ演奏に立ち会う機会を得る。念願だった音楽制作の〝特等席〟に着いたのだ。当時、彼女が技術的に支えたメジャーなアーティストには、クロスビー、スティルス&ナッシュの他に、ボニー・レイットやイーグルスもいる。スーザンが二十四歳だった頃のことだ。

「ときどき耳にすることがあるわ。音楽業界で身を立てようとするのは、ハイウェイの脇に立って親指を突き出して、通りかかった車に乗っけてもらうのを待つようなものだって」とスーザンは語る。

「でも私が加わった業界はそうじゃなかったの。**親指を突き出して道端に立つなんてこと、私は一度もしなかった。私はね、歩いたの。**そして、第一線で活躍している人たちは皆、しばらくの間、歩いていたのよ。やがて誰かが拾ってくれるまでね。私たちが助けてもらえるのは、歩いている姿が誰かの目に留まるから。そして、誰でも人が前に向かって進んでいるのを見るのは好きだから。だけど、親指を突き出して拾ってもらうのを待ってるだけの人を見るのは、誰も好きじゃないはずよ」

「ダークホース的な生き方」は「博打《ばくち》的な生き方」ではない

運に身を任せるのは、ダークホースの戦略ではない。

ダークホースたちは「大胆な選択」をしていると思われがちだが、彼らはリスクの高い選択をするわけではない。彼らも、他の人と同様に最悪の展開を考える。少なくとも、自分の選択が最悪の結果を生む可能性があり、もしそれを自分が受け入れることができそうにないなら、最初から彼らはそういう選択をしない。

また、ダークホースは自分の経済状態を現実的な問題として考慮に入れる。もし子どもを二人育てているとして、事業に失敗したら子どもたちを養育する資金がゼロになる可能性がある場合には、彼らは他の選択肢に目を向けるということだ。

さらに、他の誰とも同様に、ダークホースはできるだけ不要な賭けに出ない。あらかじめリスクを慎重に見積もってから選択する。そして、ここにダークホースたちの際立った特徴がある。それは、**彼らがリスクをどのように見積もるのか**という点だ。

標準化システムにおいては、リスクには正確な定義がある。すなわち**「成功の確率」**だ。これは統計上の概念で、**平均的な人間がある一定の状況で成功する可能性を示すもの**である。この方法で、たいていの人は選択のリスクを見積もる。確率の計算は、極めて組織化されたものであり、上から下へのトップダウン式の考え方であって、個人的なボトムアップ式の考え方ではない。

統計上のリスクは、いわば、多くの申込者からひとりを選ぶ必要がある管理者の見方である。たとえば、Ｇｏｏｇｌｅでプログラミングの仕事をしたい人たち十名につき、たった一名が採用される場合、標準化の考え方では、Ｇｏｏｇｌｅのプログラマーになる確率はかなり低いということになる。つまり、リスクの高い就職プランだ。もしあなたが、この「リスクを確率と見なす考え方」に賛成なら、当然こう思うだろう。

「Ｇｏｏｇｌｅにプログラマーとして就職することを目指しても、おそらく失敗に終わる。そんなことができる人がいたら、その人はよっぽどの幸運の持ち主だ」

本当のところはどうなのか。

われわれは、「個性を消去した考え方」にあまりにもとらわれているため、われわれ個人が成功する可能性についても、**平均的な人間がどういう結果を出すかで判断できる**と思っている。

しかし、**ダークホースは平均ではないし、あなたも平均ではない。**平均は直線状の概念であり、ダークホースたちが平均を無視するのは、彼らがリスクを見積もる際に、（一次元的にではなく）もっと精密な分析を好む傾向があるからだ。

ダークホース的な考え方では、リスクは**「フィット」**によって決まる。

ダークホースたちは、ひとつの機会に巡り合うと、その特色と自分の個人的な動機がどれくらい一致するか細かく判断する。つまりフィットは、**個人と機会の多次元的な相互作用**なのだ。その両方が、フィットを決めるのに等しく重要な役割を果たす。——手と手袋のように。

あなたにとって特定の機会で生かされる「小さなモチベーション」が多ければ多いほど、その機会を選択することによって、あなたの情熱は大きくなり、その結果、あなたの選択のリスクは低くなるということだ。

フィットすればするほど機会は低リスクになり、フィットしなければしないほど機会は高リスクになる。

あなたが自分の小さなモチベーションを把握している限り、あなたは他の誰よりも正確に選択のリスクを判断できるようになる。他人があなたの選択は危なそうだと言う場合、たいていその人は標準化の考え方を取り入れていて、あなたの個性を無視している。そういう人は、ゲームに参加せずに賭けをしているに過ぎない。

音響技師になる希望を抱いて受付の仕事に就いたとき、スーザン・ロジャーズはゲームでサイコロを振るように運を試したのではない。多面性のある特定の機会を、多次元的な個人として熟考したのだ。（どこにも存在しない）平均的な人間が、学校の受付係からスタートして音響の専門職という地位に達する確率は低いが、スーザンは自分のいくつもの動機と目の前の機会とが充分フィットしていると結論づけた。そのフィットによって生み出された強い情熱があれば、これからきっと直面する数々の試練を乗り越えていけると考えたのだ。この情熱があったからこそ、彼女は親指を立てずに道端を歩いて行けた。

最高にフィットする機会を選択することによって、スーザンは充足感を自分なりに追求し、そして、成功することができたのだ。

「敷かれたレールの上を走る」のは本当に安全か?

運は、われわれにとって制御できないものである。そしてこれが、確率の観点からリスクを見積もるうえで問題になる。この観点を受け入れた途端、あなたは無力になるからだ。確率を変えたくても、できることは何もない。あくまでも統計は統計なのだから。確率を変えられない以上、あなたはリスクを変えることができない。こうして、運は、真っすぐな道――組織がわれわれから選択権を奪う道――を辿ろうとする場合に、はるかに大きな役割を果たすことになる。

真っすぐな道を辿ることが、成功するための最も安全なルートだという幻想がつくり上げられてしまった。しかし実際のところ、**そのルートが安全と言えるのは、あなたが既存の〝鋳型〟に自然にフィットするごく少数の幸運な人々のひとりだった場合のみだ。**それ以外の場合は、あなたは「能動的な選択」のかわりに「受動的な二択か三択」をするしかなく、その結果、あなたの個性と既存の〝鋳型〟の間にギャップが発生する。そのギャップに、純粋かつ完全なリスクが表出するのだ。

対照的に、ダークホース的な発想からは、リスクに影響を与えるのは個々人による。あなたは、自分の中の「小さなモチベーション」について深く知ることによって、選択肢にある偶然性を減らすことができるのだ。自分自身のことを理解すればするほど、フィットを判断する能力が高まり、その結果、運の果たす役割を減らすことができるようになる。**自分自身を知り、それを基に自信をもって行動を起こすことによって、自分の運命をコントロールできるようになるということだ。**

標準化されたシステムにおいては、賭けに出るのは筋が通っている。賢い選択とさえ言えるかもしれない。しかし、それは個人軸の成功にとっては致命的だ。

故郷での成功をすべて捨て、大都市でゼロからのスタート

三十二歳のとき、アラン・ルーローは、バーテンダーの仕事から少しずつ築き上げた自分のすべての会社を売り払い、ボストンに移り住んだ。

オーナーをしていたレストランとバーとクラブで在庫と顧客を共有し、密に情報を交換し合うことで、アランの店はどれもかなり好調だった。それを考えると、人生に対して何となく不満を感じるということを理由に店をすべて売却する決断は、狂気の沙汰とは言われないまでも、リスクが高いと思われるのはもっともなことだ。しかし、その決断を下したとき、アランは賭けに出たのではない。

彼はゲームに参加しようとしたのだ。

もともと自分が起業家として成功した理由は、自分の「小さなモチベーション」の組み合わせがうまくいったことにあるということがアランにはわかっていた。ビジネスに関わる数字が無性に好きで、利益率や諸経費を計算する仕事に強い関心があった。また、自分ひとりが責任を負う状況が何より面白く、事業の成功も失敗も自分の洞察力だけにかかっているときに大きな満足感を得ていた。

「僕はどうも企業文化ってものに我慢がならないんだ。やたらにミーティングをもつからね。もっとミーティングしようと話し合うミーティングまである」とアランは説明する。「僕ひとりだったら、何か変化を加えてみて、それが失敗したら問題解決も自分でできる。社内で意見の一致が得られるまで待たなくていいんだ」

マーケティングについても営業についても、アランのアプローチにはいつも熱く誠実な思いがこもっていた。それは主に、彼がもともと社交的で、顧客や仕入れ先や取引先とのやり取りを心から楽しんでいたからだ。全体として、ホスピタリティ企業の運営は、アランにとってかなり良いフィットだった。そして、新しく未知なるものを目指すために、その企業の一切合切を処分する大胆な行動に出たとき、アランには自信があった。新天地ボストンでも、何か自分の興味を引く業種の事業主として身を立てることができる、と。

しかし、アランの自信の根拠はもっと他にもあった。大都市で再スタートを切りたかったのは、小さな町では満たされない、別の小さなモチベーションがあったからだ。

ひとつには、彼は洗練された教養・文化を愛していた。子どもの頃からずっと本が好きで、ときには一日に一冊のペースで読むこともあった。知らない場所や人々、そして故郷のはるか向こうにある世界を知ることが心から好きだった。経営していたバーでは、毎週木曜になると、ジャズナイトを催した。もちろん、古い工場の町ガードナーのこと、ジャズを熱心に聴きに来る客はそう多くはなかったが、それでもアランは毎週のジャズナイトが楽しみだった。彼はまた、店に来るあらゆるタイプの客と言葉を交わすのを楽しんだ。

しかし同時に、本や芸術、イベントについて人々と語り合いたいと望んでいた。「アメリカのアテネ」といわれるボストンでは、きっと、教養の深い人々と交流する機会が増えるだろう、と。

さらに、外交や経済活動の中心に身を置きたいとも思っていた。社交界を動かす名士たちと関わり合いをもてるかもしれない。有力者、陰の実力者、将来有望な人物とも同席できるかもしれない。そう思うだけで、アランの胸は高鳴った。「僕は小さな池の中の大きな魚だったんだ」とアランは言う。「でも、広い海で泳ぐ心構えができていた」

ダークホースたちは「偶然の出来事」をチャンスに変える

自分の個性を充分理解していたアランは、ボストンで最終的に何をすることになるか正確な見通しは立っていなかったものの、自分の中の小さなモチベーションとボストンの経済的・文化的・社会的な機会とのフィットが、成功の確率を高めるだろうと予感した。

その予感は的中した。

ボストンに到着すると、アランは「コンサルタント」の看板を掲げ、商業用不動産の見積もりや起業したい人のためのビジネス企画書作成を開始する。ある若いクライアントから、紳士向けの高級服飾小売店を開業するための企画書をまとめてほしいと依頼され、アランは一週間かけて五十ページもの書類を仕上げた。誇らしげに企画書を提出したが、その若いクライアントは、店を実際に首尾よくスタートさせるのがどれほど複雑か気づくと、アランの努力に対して報酬も払わずに立ち去ってしまった。憤慨したアランは、企画書をファイルにしまい込み、いつか別の誰かから似たようなプロジェクトの企画が依頼されるのを待つことにした。


五カ月後、ファニエル・ホール（ボストン中心部にある複合商業施設）をぶらぶら歩いていたとき、アランは小さな貸店舗用の空きスペースをたまたま見つける。ふと足が止まり、その空き店舗を眺めているうちに、突然、自分が必死に仕上げたのに見捨てられたビジネス企画書が頭に浮かんだ。

「あの瞬間まで、僕は小売業にまったく興味はなかった。ましてや洋服の小売業など考えてもみなかったよ。でも思いついたんだ。ここなら、あの店にピッタリだってね。金融街のど真ん中にあるし、専門職の人たちがよく歩いて通るところだ。それに、ものすごく面白そうだと思った」

アランは、次の大胆な行動に出る。そのスペースを借り、全財産を注ぎ込んで最初の店をオープンした。自分自身が実行するとは夢にも思わなかった企画を実行したのだ。

「もともとの企画が、オーダーメイド紳士服と銘打っていたので、店のウィンドウに『カスタム・スーツ&シャツ』と書き足してみた。僕は洋服仕立業について何ひとつ知らなかったけど、店の表にこんなのが書いてあったら、堂々とした雰囲気が出ると思ってね。正直言って、まさかそういう注文はないだろうと思っていた。ところが、ふた月ほど経つと、ある紳士が店に入って来て、オーダーメイドのスーツが欲しいと言ったんだ」

このときはまだ、アランには選択の余地があった。その客に「当店では、もうスーツの注文仕立てはやっておりません」と言うこともできる。まったく悩まなくて済む選択肢だ。または、プロのテーラーを雇ってオーダーメイドのスーツづくりを始めさせるという手もある。ビジネスの基本中の基本――「得意なことだけやって、残りは外注すべし」に則った選択肢だ。しかし、スーツをつくるという発想の何かが、アランの心の深くに根差し、気づくことのなかった切なる欲望を呼び覚ました。その欲望を無視せず、アランは決然と選択する。「僕はその男性に、今は予約でいっぱいだから二週間後にまた来てくれと言ったんだ」

「仕立業について何も知らなかったのに、なぜテーラーになろうと決めたのか、よく人に聞かれるよ。僕の答えは、こうさ。バーやレストランの経営についても僕は何も知らなかった。でも、だんだんわかってきた。**何か自分の大好きなことをやっていると、人はそれを本当に上手**

にできるようになるものだってことがね」

客が店から出て行くと、アランはすぐに行動を開始する。ボルティモアにある有名なオーダーメイドの会社に電話をかけ、スーツを仕立てるには何をしなければならないか尋ねた。勧められたのは、その会社が開講する教室に参加すること。次の講座は、三カ月後という。それまで待てないアランは、従業員をひとり派遣してもらうことにした。ボストンまで飛行機で来てもらって、採寸と仮縫いの仕方を一日で集中的に習おう、と。「彼には、僕が客と会う予定の前日に来てもらった。教えられたことをひとつも忘れてはいけないから」とアランは言う。

客が再び来店すると、アランは慎重に採寸と仮縫いをして、デザイン選びも手伝った。六週間後、スーツは完成した。「普通サイズの、グレーのグレンチェックのツーピースだった。見事な出来栄えだったな。客は大喜びだったよ。そして僕は思った。これは、なかなかのもんだぞ！って」

未経験からの大転身——なぜ、彼は自分の成功を確信していたか

この瞬間まで、アランは一度も物づくりやデザインに関する仕事に携わったことがなかった。起業家として、ひたすら売り、戦略を立て、運営し、そしてあちこち駆けずり回っていた。そのすべてが気に入っていたが、今、自分でも驚いたことに、この新しい挑戦——おのれの技量と判断力を使って、スタイリッシュな衣装を考案しつくり上げること——が思いも寄らない形

で自分に共鳴していることに気づいた。

実際、オーダーメイドのスーツをつくることはアランのビジネス感覚にも合っていた。いち早く、彼はピンと来ていたのだ。スーツの予約販売は財政的なリスクが極めて小さく、また、小売と比べてはるかに利益率が高い、と。そして同時に、彼自身の芸術への憧れを再び目覚めさせるものでもあった。――長いこと忘れられ、養分も与えられず、心の片隅で静かに眠っていた憧れを。

これはキャリアの大転換である。オーダーメイド服飾業で金儲けがしたいなら、アランは片手間のやっつけ仕事ではなく、本腰を入れてかからなければならないとわかっていた。目の前にそびえる、服飾のプロという山を登るには、とてつもない努力が必要だろう。しかしアランは、坂道を歩き始め、次々に現れる岩山をよじ登って行く。彼を突き動かしていたのは、尽きることのない意欲だ。その意欲は、自分の小さなモチベーションすべてに完全にフィットする機会をつかんで突き進んでいくとき、さらに高まる。

仮縫いと仕立てと服飾デザインを学ぶために、アランは必要と思える講習があれば全国のどこへでも出かけた。その後、仕立ての達人たちを「追っかけ」始め、彼らの行く所にはどこまでもついて回り、苦労しながら縫製を進める様子を観察し、個人レッスンを受けるかわりの単純作業を買って出た。やがてアランは、自分が仕立業に関わる数学に秀でていることに気づく。ちょうど、ビジネスに関わる数字に強かったように。

しかし、もっと驚いたことに、布地に対する鋭い直感があることも発見した。特定の衣服に最適なタイプの生地を見抜く、天賦の才があったのだ。料理の達人が、与えられた食材がどのスパイスで引き立つか即座にわかるのと同じことだ。まもなく、アランは布地の研究に没頭し始める。異なる温度、異なる湿度、そして異なる摩耗の度合いに生地がどう反応するか、入念に調べた。さらに、繊維工場の歴史までも学んだ。そして、工場で繊維がどのように製造されるのか本当に理解したいなら、実際にそこへ行ってみるべきだと決心する。

アランはイタリアとイギリスへの旅を開始し、世界で最も高品質の高級服地を製造する織物工場を次々に訪れた。このような工場巡りは、テーラー志望者の間で一般的におこなわれることではない。どこの工場へ行っても、アランは最初のアメリカ人見学者だった。そのため、幾度となく従業員から何かの産業スパイではないかと疑われた。しかし、アランの努力は報われた。「おかげで僕は本当に、布地に精通できた。今では、服地を見たら、即座にその品質と、繊維一本の長さと、そして、どの工場で製造されたかも見当がつくよ。なぜなら、工場ごとに独自の仕上げ方があって、それが世代から世代へ受け継がれているからね」

アランは情熱を生み出し、最大限に燃え上がらせ続けた。決して、自分にとっての快適な居場所に安住することなく、困難かつ奇抜な衣服をデザインする機会に挑み続けたのだ。たとえば、十九世紀の西部特有の衣装、クルージング用のウェア、バイカー向けの革製スーツ。このようなプロジェクトが成功したからといって、高級紳士服の販売実績が伸びるとは限らないが、アランは自分の総合的な力量を高められそうな技術の習得に余念がなかった。この意欲的で型破りなアプローチは、誰にとっても有効だとは言いきれない。だが、アランにとっては正しいアプローチだった。

最初のオーダーメイドスーツをつくってわずか二年後、アランは全国ファッション功労賞を初めて獲得した。まさしく、彼の奇抜な衣装製作の功績を認められての受賞だ。クラシックなカウボーイ燕尾服で、背面にハンドプリーツ加工をほどこした、裾が臀部までかかるデザインだった。

「その頃には小売の店舗を、ボストンとナンタケットにひとつずつもっていたが、オーダーメイド紳士服のビジネスが総売り上げの七十三パーセントを占めていた。そして、そっちのほうが断然面白かったんだ！」

アランは小売店を閉じ、アラン・ルーロー・クチュールを開店した。この特注仕立服専門のブティックは、約三十年にわたってニューベリーストリートに欠かせない店として存続している。

アランは自分のルーツを決して忘れてはいない。話し方にも、颯爽とした歩き方にも、故郷レミンスターで培われた素朴な逞しさが残っていて、まったく気取らない男だ。しかし、何十年も前に、鏡に映る自分を見ながら願った「もっと充実した」人生を切り開いていく人間になった。そして、まさに最高の人生を手に入れたのだ。

アランが充足感を追求し、素晴らしいパフォーマンスに辿り着いたのは、危険を顧みずに軽率な行動に出たからではなく、フィットの威力を受け入れたからである。

「すでに手にしたものを失いたくない……」選択に迷うとき

これまで見てきたように、あなたが自分の本当の小さなモチベーションに基づいて、選択をすれば、最初はほぼ間違いなく良い選択になる。なぜなら、たとえほんの少しでも自分を理解したうえでの選択のほうが、まったく自分を理解していない場合の選択より良い結果を生むからだ。それだけではなく、初めのうちは得るものが多く、失うものは少ない。要するに、**仮に間違った選択をしても、そのために何かを失う可能性は比較的低い**ということだ。

自分の個性についての理解が深まるにつれて、あなたはますます自分自身にフィットする選択をするようになり、人生がさらに充実し、そして、成功へと着実に近づいていけるようになる。やがて、数々の勝利をたぐり寄せ、あなたは無上の幸福を感じるだろう。そして、いつしか、そこかしこに素晴らしいチャンスに取り囲まれていることに気づくだろう。あなたが選ぶことのできる機会はどれもこれも実に良さそうだ、と。

逆説的に言えば、**この瞬間が「自分に合った選択をする」ことが最も難しくなるとき**だ。

今のあなたには、失うもの、失いたくない大切なものがある。この事実をあなたが意識するようになると、抑え込まれていた標準化されたシステムのルールが息を吹き返し、あなたの耳に囁きかけ始める。われわれは生まれてからずっと、失敗は許されず、もし失敗したら個人の責任になる標準化社会で生きてきた。われわれが既に手にしている安定と心地良さを脅かす可能性のある、大胆な行動は避けなさい、と常に教えられている。

ここまで必死に頑張ってきたのに、なぜ今になって、新しい不確実な機会に飛びつく？すべてを棒に振ってもいいのか？……

突然、あなたはまた確率で物事を考えたくなる。ひょっとすると、フィットの威力についてまで強い疑念を抱き始めるかもしれない。

その手に引っかかってはだめだ。

何も変わっていないのだから。今も同じ前提が成立しているし、同じ数学が有効であるし、そして、あなたをここまで導いてきた同じ考え方がその限界に近づいたわけでもない。今までやってきたように、目の前に現れた機会を見積もり続けよう。

もし新しい機会が、現在あなたが手にしている機会よりも良いフィットを提供しているなら、そして、最悪の展開になってもなんとかやっていけそうなら、どれほど現状が安定して満足なものに見えても、それでもあなたはもっと充実感の得られる選択肢を選ぶべきだ。

その理由は単純である。フィットで感じた小さな違和感は、いずれ充足感の追求と成功において非常に大きな違和感に繋がる可能性があるからだ。

充足感は、成長と発達と自己改善によって常に育まれなければならない動的な体験である。

あなたが向上しようと努力することを止める瞬間は、充足感が弱まり始める瞬間なのだ。あなたの行く道に行き止まりはない。自分自身を封じ込め、本当の自分をさらに実感できる機会を逃した途端、あなたは安定と心地良さよりもっと重大なものを危険にさらすことになる。

その重大なものとは、あなたの目的意識である。

逆境に打ち勝った女性が再びすべてを捨てて「選んだこと」

スーザンはルディ・レコードでの仕事を楽しんだ。影響力のあるバンドに自分に適した役割で貢献できているという、やりがいも感じていた。それでも、このスタジオの音楽スタイルはどことなく自分の「共鳴周波数」とは違う気がしていたのも事実だ。この頃の思いを、スーザンはこう説明する。

「一九八三年の夏に、もしあなたが私に紙を一枚渡して、どういう仕事に憧れるか書いてと言ったら、私は一瞬も迷わずに書いていたと思う。『プリンスの録音技師』と」

プリンスがデビューした一九七八年に、ソウル専門のラジオ局で彼の曲が流れ始めて以来、スーザンはプリンスとの深い絆を感じていた。もちろん、彼が出したレコードはすべてもっていた。しかし、彼は同じ音楽界でもスーザンとはまったく違う世界に住むミュージシャンだ。彼と仕事上の関係を築けるとは、夢にも思っていなかった。

そんなある日、業界の友人から電話があった。新しい仕事の話がきて、それを聞いてすぐにスーザンのことが頭に浮かんだと言う。ある人物が保守技術者を探していると。その人物が、プリンスだった。

ただし、ひとつだけ難点があった。

「なぜ技術者が決まっていなかったか。それには訳があったの」とスーザンは回想する。

「ミネアポリスに引っ越さなきゃならなくなるからなのよ。誰もミネアポリスに住みたくなかったのね。あそこは、音楽的なことが何も起こらない〝死界〟だったから。ロサンジェルスでは、何かの機器が必要になったり、機器を操作する人が必要になったり、何か別の仕事を探すことになったりしたら、なんでもすぐに見つかるのよ。ミネアポリスに引っ越すなんて、いわば自殺行為だったわけ」

この頃のスーザンには、既に失いたくないものがあった。音楽業界で一人前の仕事を続けるために、これまでいくつもの壁を乗り越えながら必死に道なき道を切り開いてきたのだ。そのすべての苦労が水の泡になるかもしれない。標準化の考え方は、彼女にこう告げた。

「きみは既に逆境に打ち勝ってきたではないか。なのになぜ、また危険を冒すのだ？　きみは既に獲得したものを手放すべきではない」

だがスーザンにはもっとわかっていた。

「私は躊躇《ためら》いさえしなかった。だって、あのプリンスよ！　さっさと荷物をまとめて、ミネアポリスに送ったわ」

仕事場に行ってみると、そこは地下室だった。彼は自宅に録音スタジオをつくっている真っ最中で、スーザンの仕事はまず機材のセットアップを手伝い、その後は機器の保守管理をすることだった。最初の一週間は、ノンストップでスタジオの準備に取り組んだ。その間、彼女はプリンスがすぐ上の階で歩き回っているのは耳にしたが、一度も顔を合わせることはなかった。準備が整った日の午後、プリンスは階段を下りてきて、初めてスーザンに話しかけた。

「彼は私に技術的なことを二つ三つ尋ねたの。セットアップが完了した機器についてね。私は質問に答えたわ。そしたら、彼は向きを変えて出て行こうとしたの。自己紹介もなく、雑談もなく、何もなしよ。黙ってそのまま戻りかけた。そのとき、ふいに頭の中で小さな声が弾けたの。『こんな始め方をしちゃダメ』って」

スーザンは、夫に逆らわず黙って何でも受け入れていた結婚生活が、最終的にどういう結果になったか思い出した。「この人と仕事をするというたったひとつの目的で、私は二三〇〇マイルも離れたところから、はるばるここまで来たのよ。こんなふうに道具みたいに扱われるのを黙って受け入れて、そこからどんなつき合い方ができるというの？」

この瞬間、スーザンは最初の転機で「これからは自分の選択をする」と決意した通り、自分に忠実に重大な決断を下す。プリンスに向かい、折り目正しく手をさっと差し出すと、彼女はこう言った。

「私はスーザンです。あなたの技師として参りました」

一瞬、プリンスは当惑した表情を浮かべたが、階段をまた下りて来て握手に応じた。

「僕はプリンスです。はじめまして」

人生のどん底から、あの「誓いの舞台」へ

これが、素晴らしいコラボレーションの始まりだった。

「あんなふうにして本当に良かった」とスーザンは強調する。

「私たち人間はみんな対等なんだもの。私たちはプロとして手を尽くし、この世に形あるものをつくり出した。その過程で、私は彼のために自分のできる仕事をして報酬を受け取ったの。私たちがお互いに認め合ったのは、それぞれがプロとしての役割を果たすこと。どんなときにも対等な立場でね。彼の音楽活動に必要なものを私は提供するのだけど、その私の役割も彼の音楽的な成功には必要だということを、彼は理解してくれたし、二人で一緒に仕事をした期間ずっと、私に敬意をもって接してくれたわ」


スーザンは徐々にプリンスから信頼されるようになる。彼女の音響技術における専門知識はもちろんのこと、それと同じくらい重要なこととして、音楽に対する好みと感性が共通していることを彼女が示したからだった。

結局のところ、スーザンがミネアポリスに移り住んだ理由もそこにあった。つまり、自分の魂が揺さぶられる音楽スタイルをもったミュージシャンと一緒にいたかったのだ。スーザンは保守技術者として雇われていたが、プリンスは、機器を保守管理する人間と録音やミキシングをする人間の違いがわかっていなかったし、また、気にもしていなかった。そして、彼は次のアルバムのレコーディングを始めるとき、スーザンに制御盤の操作をしないかともち掛けた。

アルバムのタイトルは、『パープル・レイン』。

音楽史上最も成功し影響を与えたアルバムのひとつであり、売り上げは二五〇〇万枚を超え、プリンスにグラミー賞とアカデミー賞をもたらした。また、ビルボードチャートのトップに実に二十四週間も居続け、史上四位の長期記録を樹立した。スーザンは、自分の一番好きなアーティストの代表作のレコーディングとミキシングを手がけたのだ。彼女は、信じられないほどの充足感を得た。

しかし、ここからさらに信じられないことが起きる。

『パープル・レイン』のコンサートツアーを開始するとき、プリンスはスーザンに録音技師のひとりとして同行するように依頼した。大きな会場でのライブパフォーマンスを録音してほしい、と。そして、会場のひとつが他でもないあのザ・フォーラムだった。

「このときのことを考えると、いまだに体が震えてしまうの。私はあの場所へ戻ったのよ。人生で一番自分が惨めだったとき、どう考えても不可能な誓いを立てた場所へ。それがまさか実現するなんてね。コンサートのミキシングではなかったけど、とにかく私はあの場所へ戻って、世界中で一番好きなアーティストのために録音の仕事をすることになった。世界中の他の誰にとってもどうでもいいことかもしれない。でも、私には大事なことだった」

コンサートの後、スーザンはプリンスの楽屋へ行き、かつて自分が立てた誓いの話をした。「私たちはこの素晴らしい瞬間を分かち合ったの。二人ともまるで小さい子どもに戻ったみたいだった。彼が心底から喜んでくれたからよ。私の夢が実現したのだけど、同じときに彼も自分自身の夢だった人生を生きてたのね。二人とも、十代の頃は、どうにもならない寂しさを抱えて、もがきながら生きてた。今はこうして、信じられないくらい素晴らしい瞬間を共有できている。お互いが助け合って、この魔法のように素敵な場所へ辿り着いたんだって二人とも実感したの。プリンスは私にニッコリ笑いかけた。あの笑顔は、それこそ『やったね！』だったわ」

「これが、私の進む道です」

ダークホースたちは、自分の情熱に従わない。

彼らは、自分の小さなモチベーションを理解し生かすことによって、情熱を生み出し、燃え上がらせる。そして彼らの目的は、他者から与えられることもない。ダークホースたちは、大胆な行動を起こすことによって、目的も生み出すのだ。

自分の小さなモチベーションと目の前のひとつの機会とのフィットの度合いを見積もったうえで、あなたが重大な選択をするなら、その都度、あなたは自分の目的を確固たるものにつくり上げていける。**人生の意味と方向性を、自ら決定できるようになるのだ。**

スーザンが受付の仕事に就いたとき、彼女の目的は、音楽業界で技術職を得るための技術や知識を身につける方法を見つけることだった。

ダグがイギリスに移り住んだとき、彼の目的は、優れた植木職人と景観設計家を目指して園芸術を習得することになった。どちらのケースでも、ダークホースたちの目的は、彼ら自身が追求しようと決めた大きな目標によって決まってくる。

あなたがもし標準化されたシステムに従い、標準化された選択肢――成功の確率という観点から認められた選択肢――を受動的に選べば、つまり、あなたの個性と最もフィットする選択肢を能動的に選ばなかったら、本来あなたがもってしかるべき目的意識を自分自身から奪うことになる。

ダークホースたちが自分の選択した道に全力で挑めるのは、それぞれの目的意識が明確だからだ。彼らは曖昧な態度でその場を取り繕ったり、両賭けして失敗の危険を分散させたり、また、自分の進む道を観測気球を上げて様子見するようなつもりで選択したりしない。彼らは決然とした態度で行動に出る。なぜなら、自ら決めた進むべき唯一の道が彼らにはあるからだ。

あなたが大胆な行動をとるときは、どのような場合でも、世界に向かってあなた自身がこう宣言するときでなければならない。

「これが、私の進む道です」

4
Chapter

know your Strategies

独自の「戦略」を考え出す

——【ルール③】一見風変わりな方法も自分には「正攻法」になる

一般に、われわれは自分の心が最も得意とすることについて最も気づいていない。

——マーヴィン・ミンスキー（認知科学者）

4
Chapter
know your Strategies

何かをマスターしたいなら、まず「自分自身についてマスター」せよ！

初心者の常套句「どの戦術が一番良い？」が愚問な理由

ルービックキューブは、世界で最も長く愛されているパズルのひとつだ。その人気は一九八〇年代に最高潮に達したが、近年、このパズルを解く時間の速さを競う「スピードキュービング」の人気が高まっている。名人は、この立体パズルのカラフルな六面の色を三十秒以内できれいに揃えることができる。最高レベルのキュービストは、八秒きっかりで解くという。

ルービックキューブを解くには、動かし方のアルゴリズムのような、規定の戦術があると考える人もいるだろう。解き方を知りたければ、悩むことなくネット検索をしたり、ＹｏｕＴｕｂｅに個別指導を仰いだりするかもしれない。スピードキュービストたちは単に解き方の手順を暗記し、楽々と解けるまで何度も練習するだけなのだろう、というのが大方の想像するところだ。

ただし、解き方はひとつではない。少なくとも十二通りの解き方が確立されている。たとえば、ルー・メソッド、ペトリュス・メソッド、ヒューマン・シスルスウェイト・アルゴリズム、ZZメソッド、SSCメソッドなどだ。さらに、キューブの一部を解くテクニック（たとえば、My World and Winter Variation）や、素早くキューブを回転させるテクニック（指使いを含む）もある。なかには、実際にアルゴリズムに基づいた戦術もあり、あるパターンに対してキューブを回す一連の手順が規定されている場合もある。その場合でも、ひとつのパターンに対していくつもの異なる戦術があり、戦術によって回す手順も異なる。

また、「積み上げ作戦」なるものもあり、これはアルゴリズムに厳密に従うのではなく、スピードキュービストたちのパターン認識能力に依拠するものだ。上級レベルの戦術のほとんどが、アルゴリズムと積み上げ作戦を交互に使うハイブリッド方式であり、そこにプラスされるのがキュービストの直感である。

初心者の多くは、こう尋ねる。「どの戦術が一番良い？」

本書をここまで読んだ読者の皆さんは、もう答えをご存知のことだろう。**戦術を使う人間の個性を考慮に入れずに、どの戦術が最適か判断できるわけがない**、と。

ルービックキューブのある一定の状態から解き始めても、名人が八人いれば八通りの手順で、最後に同じ状態になるまで面を動かしていく。スピードキュービング大会の過去の優勝者たちは、少なくとも六つの異なる戦術を使った。

スピードキュービングであれなんであれ、名人の域に達するための最高戦略はないということだ。あるのは、ただひとつ**あなたにとっての最高戦略だけ。**そう、ダークホース的な発想の三つ目の要素は、**「自分に合った戦略を見つける」**ことだ。

自分の「強み」を自覚する

ダークホース的な発想において、戦略とは「うまくなる」方法のこと。つまり、どの戦略も、**時の経過とともに自分が上達していくのを目指すもの**だということになる。

カーブボールの打ち方を身につけるにも、営業成績を伸ばすにも、優秀な指導者になるにも、戦略は必要である。自分に適した戦略を見極めることが、成功するための秘訣なのだ。

「自分に合った戦略を見つける」ことは、誰か上の人から教えてもらった上達法ではなく、**自分自身の強み**（strength）**を案内役にして、独学法やトレーニング方法や習得法を探し出すことだ。**

こうしたなかで、自分にとっては至って自然なのに、他人から見れば風変わりな方法を思いつくことも充分あり得る。たとえば、もしあなたがルービックキューブを目隠しした状態で解かなければならなかったらどうだろう？　あなたは、どういう戦略を採るだろうか？

T・V・ラマンという名のダークホースは、二十四秒でキューブを解く戦略を思いついた。――一度もキューブを見ることなく。彼は、それをどう、やってのけたのだろう？　ラマンには視覚障害があり、そして極めて鋭い触覚がある。だから最初のステップは、――彼の個人的な強みからすると、大変自然な成り行きなのだが――自分のキューブに、小さな粒状の物を色ごとにパターンを変えて貼りつけることだった。こうして彼は、目でキューブを見るかわりに、指でキューブが「見える」ようになった（インチキじゃないかと思う人もいるかもしれないが、ちょっと想像してみてほしい。あなたが目隠しされて、誰かにルービックキューブを渡されたとしよう。そのキューブの全面は、複雑なパターンの粒で覆われている。「さあ、解いてみて」と言われて、あなたは「粒々があるから簡単だ」と思うだろうか？）。

触覚を使ってキューブを解く戦略は、新しい解法を生み出し、同時に、他の解法を無効にしたり消滅させたりする場合もある。視覚を使う戦略では、一度に最大で三面しか見られないが、その三面の全体を見ることができる。しかし触覚を使う戦略では、異なる認知の仕方が可能だ。指でキューブを握ったら、その六面すべてがそれぞれ部分的に「見える」が、一面の全体が一度に「見える」ことはない。一面全体の状態を知るには、キューブの表面に指を滑らせなければならないからだ。

T・V・ラマンは二カ月ほどかけて、どの視覚的な戦略とも違う彼オリジナルの「触覚」戦術を磨き上げた。それは、他人にとってはとりたてて良くも悪くもない戦術だった。

しかしラマンにとっては正攻法だったのである。

「なんでできないの!」あなたの自信と意欲を奪うモノの正体

標準化されたシステムでは、個人が自分にとって最適な戦略を見定められるようになってはいない。反対に、**万人が従うべき戦略をひとつだけ選定している。** いわゆる **「唯一最善の方法(One Best Way)」** である。

実際、標準化の父フレデリック・テイラーの伝記には『The One Best Way』というタイトルがついている。なぜなら、テイラーが推進した産業標準化の大部分が、まず作業を進めるうえでの「最善の方法」を明らかにすることに重きを置き、次にその最善の方法を最も効率よく実行できるように、(作業する人間たちを含む)システム内のすべてを配置することに焦点を当てたからだ。

あるひとつの戦略を「最高の実践法」や「黄金の標準モデル」などと呼んでありがたがることによって、明らかに経営者や管理者は楽になる。経営者も管理者も、個人のもつそれぞれの強みを見極めようと努力する必要がなく、また、組織内のシステムを個人の強みに合わせて改良する必要もない。「唯一最善の方法」あるいは「最速の道」(ハイウェイ)があれば、他に何もいらないというわけだ。

しだいに、「唯一最善の方法」が標準化システムに深く浸透したため、この方法よりはるかに良い別の方法があることを想像できなくなってきている。われわれの能力について、組織はわれわれよりも知っているのだろうと考えるようになったのだ。

今や、無意識に自分の価値や実力を、既成の習得法・トレーニング法・成就法に照らして判断するようにさえなっている。標準化されたシステムにおいては、様々な形で個人に自分の能力を過小評価するように仕向けるものだが、そのなかでも、われわれから徹底的に自信と意欲を奪うのは、組織が「あなたは、自分に合わない戦略でも採用すべきだ」と主張したうえで、実際、うまく適応できないのを見ると、「あなたの失敗は、才能の欠如に起因する」と言ってわれわれを叱責する場合だ。

しかし、**あなたが「唯一最善の方法」で何かができないからといって、必ずしも、あなたにとってそれが不可能だということにはならない。**

「数学が苦手でも、宇宙のことを知りたい!」ジェニーの物語

天文学は、数学に依存するところが大きい学問である。ケプラーの方程式が惑星の軌道を、マクスウェルの方程式が遠い星からの電磁放射の検出と解釈を、そして、アインシュタインの一般相対性理論の方程式が銀河と白色矮星とブラックホールの動きを、それぞれ解明している。天文学のどの大学院課程でも、学生に微積分・線形代数・微分方程式のクラス修了を義務づける。だが残念ながら、ジェニー・マコーミックは高校を中退したので、三角法の授業を受けそ

こなった。

なんとか高校を中退しないでいたら、ジェニーは非常に高度な数学的スキルを身につけていたかもしれない……し、身につけなかったかもしれない。「数学がずっと大嫌いだった」とジェニーは言う。「いつもちゃんと理解できなくて、しょっちゅうイラついてた。そんなふうだったから、完全に興味を失くしちゃったんだと思う」

こういうわけで、ジェニーは天文学を極めるために、数学をあまり必要としない戦略を思いつくことになる。

幸い、ジェニーには別の強みがあった。そのひとつが、尽きることのない好奇心。人に助言を求めることも苦にならず、無知だと思われることも平気だ。夜露に濡れた草の上で「星の啓示」を受けた後、ジェニーは、オークランド天文台で開かれる月と惑星についての無料講演会に参加し始める。そして講演が終わると、そこにいるプロの天文学者たちに自分を紹介してまわった。彼らはジェニーの熱心さと屈託のなさに心動かされ、その中のひとりはジェニーに小さな望遠鏡を貸し与えた。

「その望遠鏡を裏庭に立てたの。どれだけ空を見ていても見飽きなかったわ」

また、ジェニーはテクノロジーに対して抵抗がない。現代の天体観測に用いられるコンピュータのハードウェアもソフトウェアも、容易に使いこなせた。それも、攻略本を読んだり講習を受けたりしてではなく、いきなり使い始め、実際に扱いながらの習得だった。変光星の光度を計測したり、CCDカメラを調整したり、微小レンズ現象域で天体測光をおこなったりするような、新しい課題に直面すると、臆することなく誰かに指導を仰いだ。こうして徐々に、用途に合わせたソフトウェアのプログラミングにも熟達し、自動操作の望遠鏡で夜中の観測ができる環境を自分でつくり上げた。

さらにジェニーは、忍耐強く、細部に目が行き届き、几帳面でもある。何年もの間、一晩も欠かすことなく、南半球の空を見上げては、興味深い物体に目を凝らし続けた。とりわけ興味を引かれたのは、「その美しさが長く心に残る『木星のゴースト』のような、惑星状星雲だった」という。このような目標物に、望遠鏡の照準を正確に定める技術も集中的に身につけ、その過程で、様々なレンズ、ミラー、カメラ、各種電子機器がどのように自分の観測の質に影響するか学び取っていく。持ち前の几帳面なアプローチが功を奏し、やがて精密機器を巧みに操作できるようになり、その結果、何千光年もかなたにある天体の、鮮明で安定した画像を獲得し、見事な「光度曲線」まで描き出せるようになった。

観測の腕を上げるにつれて、彼女の新しい能力が新しい欲望を生み出すようにもなった。「そう、新しい小さなモチベーションだ。「しばらくすると、ただ見ているだけじゃ物足りなくなるのよ」とジェニーは説明する。「私は科学に貢献したくなった。そして、意味のある貢献をするには、もっと大きな望遠鏡が必要だとわかったの」

そこで、ジェニーは裏庭のテラスに、ファームコーブ天文台をつくった。

天文学は、グローバル規模の協力がなければ成功しない学問である。単一の天文台では、空の全域を観測することはできないし、また空の一部でさえ常時観測することはできないからだ。こういうわけで、研究プロジェクトは、いくつもの異なる場所の望遠鏡から得られた観測データに依拠することが多い。

一九九九年十月、ジェニーは世界中の大学の天文学者たちと協力し始める。彼らはジェニーに興味深い目標物を提供し、ジェニーのほうからは彼らに観測データを提供した。ジェニーの光度曲線は質が高く、プロの専門家たちの間で、彼女は早々に信頼される存在になった。そして彼らは、手づくりの望遠鏡でこれほどの有用なデータを得るジェニーに感銘し、ますます熱心に、ジェニーがさらに良い観測結果を出せるように力を貸した。世界中の研究チームが、ファームコーブ天文台へ機材を寄付し始める。オハイオ州立大学のチームからは、より高性能な望遠鏡。コロンビア大学の研究機関からは、より高品質のカメラ。韓国の団体からは、より快適なドーム。さらにジェニーは、オハイオ州立大学の天文学部から招待され、学部での講演をおこなった。この経験を、ジェニーは自分のキャリアのクライマックスのひとつとして、こう語った。

「想像してみて。私なんて、ワンガヌイ出身のシングルマザーよ。十五歳で学校を中退して、それが、天文学について大勢の教授の前で講演しちゃったの！」

今までに、ジェニーは合計二十個以上の新惑星の発見に貢献している。その一方で、彼女は独自の観測も楽しんできた。そして二〇〇八年、遠くの彗星をいつものように観測しているときに、画像の隅にある小さな点に気づく。見るからに、それは観察していた星とは関係ない点だった。おそらく多くの天文学者からは、何でもない「ノイズ」として無視されただろう。しかし、いつも通りの好奇心と几帳面さから、ジェニーは自分の得たデータのすべてに説明がつくように、その点の正体を調べた。コンピュータによる画像アーティファクトか、実在する物体なのか。結局、それまで知られていなかった長さ二マイルの小惑星であることが判明。ジェニーは、この星を正式に「ニュージーランド」と名づけた。

信じがたいことだが、近頃では、新しい小惑星を発見するほうが、新しい惑星を発見するより目覚ましい偉業と見なされる。天文学者は、新惑星を探すにはどの星を重点的に観測するのが効率的かあらかじめ知っていることが多い。実際、ジェニーが惑星を発見したときも、「微小レンズ現象調査ネットワーク」の主幹研究者から薦められた座標に望遠鏡を向けていた。同じプロジェクトに参加していた他の天文学者も（プロもアマも含めて）、同じ惑星を観測していたので、ジェニーは世界中のチームメイトたちとの「共同発見者」として名を連ねることになった。

対照的に、ジェニーが小惑星を発見したのは完全に単独の業績である。誰に指示されたものでも、誘導されたものでもない。これが極めて希少な成果であるのは、新しい彗星や小惑星を探すことに特化した学術プロジェクトや政府プロジェクトが数多くあるからだ。たとえば、「カタリナ・スカイサーベイ」、「サイディング・スプリングサーベイ」、「地球近傍天体ＷＩＳ

E」など、現在、新しい小惑星のほぼすべてが、こうした系統的な調査によって発見されている。ジェニーには、天文学への貢献により、ニュージーランド国王から勲章が贈られた。

あなた独自の戦略を探し出すとは、今までの仕組みをまるごと変えるような、独創的な戦術を考え出すことではない。また、自分に完璧に合う戦略を超人的な能力で見抜く必要もない。必要なのは、**「自分の強み」**についての新しい考え方である。

「あなたはどれくらい上手にカバに乗れるか？」

「人の強み」と「やりたいこと」は、基本的にまったく別のものである。

あなたの小さなモチベーションは、あなたのアイデンティティの中心的な部分を成すものであり、そのため、行動の原動力になるし、また、容易に変わることがない。われわれの脳は、**自分の「やりたいこと」を直接的に知る、あるいは体感するようにできている。**

実際、「○○をしたい」という欲求は、われわれの意識に（完全に自然発生的に）強引に入り込んでくる場合が多い。たとえ、自分の内にある憧れや願望の一つひとつに名前をつけられなくても、内省によって小さなモチベーションの微妙な意味合いを知ることは常に可能だ。つまり、われわれが何かを欲するとき、われわれはそれを感じるのだ。

われわれは、自分がスカイダイビングに行きたいか、あるいは、アナゴ寿司を食べたいか、映画『マーベル』シリーズの最新作を観たいか、自信をもってはっきりと言える。このように鮮明な信号を発する「やりたいこと」とは違って、個人のもつ強みは捉えどころがなく、状況によって左右され、そして動的である。

別の言い方をすると、**強みはファジー**だということだ。

われわれの脳は、「自分の強み」を直感的に知るようにできていない。これには当然の理由がある。われわれが個人的な強みと見なすものは、ほとんどすべて、外的な要因によって形成されるものであり、内的な要因によって自然に生まれるものではないからだ。

リメリック詩（訳注：五行から成る戯れの詩）をつくることも、ウェブアプリをプログラミングすることも、バレエのパドシャをすることも、文化的に定義づけられる能力であって、個人にもともと存在する能力ではない。すなわち、**強みとは学びを通じて構築されるもの、たゆまぬ努力によって得られる能力**である。

ちょっと考えてみよう。

「あなたは、どれくらい上手にカバに乗れるだろうか？」

たぶん、カバの体によじ登ってみたいという気持ちさえ湧いてこないだろうが、あなたがこの愛想の悪い生き物の背中にまたがって、その巨体の重みを下に感じながら前へ進ませようと試みるまでは、カバを乗りこなす潜在能力があなたにどれほどあるかなど知りようがない。

あなたは、自分が林の中でトリュフを見つけるのが得意かどうか知っているだろうか？　□

を閉じたまま歌うのは？　毒蛇を操るのは？　バッタを飼育するのは？　目からシャボン玉を飛ばすのは？　鼻の上にバランスよくクリップを載せておくのは？　きっかり一分が経過したことを知るのは？　二種類の液体に両手をそれぞれ突っ込んで、その温度差をぴたりと言い当てるのは？

少なくとも似たようなことを前に試していない限り、こういう適性があなたにあるかどうか判断するのは極めて難しい。確実に知るには、経験してみるほかないということだ。

あなたは自分の強みを、内省を通してではなく、行動を通して見定めるのだ。

強みは、また、状況によって変わるものである。どのような個人的資質も、状況次第で適性にもハンディキャップにもなり得る。仮に、あなたは印刷された文章を読むのが苦手だとしよう。もしあなたが文芸評論家になりたいなら、これは明らかに弱点である。その仕事は、読解力に大きく依存しているのだから当然のことだ。しかし、もし天文学者になりたいなら、この弱点は、思いがけない強みになり得る。文字を読むのに苦労する人の脳は、多くの場合、天文学上の画像にあるブラックホールや他の天体の異常を発見するのが（読むのが苦手ではない人の脳よりも）得意だからだ。

あなたの個人的な資質を今日の状況で強みとして発揮できても、明日になったらそれは強みではなくなるかもしれない。なぜなら、強みは動的なもので、鍛錬によって向上し、放置されれば劣化するからだ。自分に合った戦略を選ぶうえで最も重要なポイントは、現在あなたがもっているスキルを向上させ、知識を深めること、つまり、**あなたの強みを変化させること**にある。

強みとモチベーションは基本的に異なるので、戦略を選ぶときには、機会を選ぶときとは基本的に異なるアプローチをとるべきだ。

「戦略を選ぶ」＝「トライ＆エラー」＋「トライ＆エラー」……

前章で述べたように、自分の小さなモチベーションを知っていれば、あなたは確信をもって機会を選ぶことができる。なぜなら、自分のモチベーションと与えられた機会とのフィットについて自信をもてるからだ。

しかし、あなたの強みはファジーなものなので、戦略を選ぶことははるかに不確かな課題になる。自分の小さなモチベーションに基づいて選択するときは、あなたは「これが私だ！」と宣言するだろう。しかし、新しい戦略を選ぶときは、常に暫定的な物言いをすることになる。**「これが、次に私がやってみることだ！」**と。

これと大きく異なるのが、標準化されたシステムにおいての戦略選びの方法だ。あなたは**「唯一最善の方法」**を必ず選ばなければならない。もしうまくいかなくても、とにかくやる気を見せて、辛抱強く頑張り続けるしかない。そのままコツコツ努力しろ！　諦めるな！　そして最終的に「唯一最善の方法」がうまくいかなければ、〝事実を事実として受け止めるときがきた〟ということだ。自分には、その方法に必要な能力が備わっていない、と。

標準化の考え方では、戦略を選ぶことは、どのようにコースから逸れないでいるかという問題である。

ダークホース的な考え方では、**戦略を選ぶことは、どのように試行錯誤するか**という問題である。

戦略を次から次へと変えるという発想は、だらしなく我慢強さに欠ける考え方だと思う人は、科学者にそう話してみるといい。代謝生化学から堆積岩岩石学まで、ありとあらゆる科学が、壮大にして永遠の試行錯誤ゲームである。科学者は仮説を提起し、それを試す。そして、それを証明するのに（いつものように）失敗したら、また新しい仮説を立てて試してみる。仮説が崩れず持ちこたえたとしても、科学者はそこで止まることなく、さらに新しい仮説を立て、真理の探究を続ける。

ともすると取り返しのつかないことや、大きな代償を払うことにもなる、人生の重大な選択とは異なり、数々の戦略はどちらかというと観測気球に似ている。

自分に合った戦略を見つけるプロセスでは、実のところ、ダークホース的な発想を実行に移して初めて、失敗することを想定する必要が生じるだろう。**失敗を歓迎しよう。失敗は、スキルを伸ばす過程において、必要不可欠であり決定的な要素だ。**

失敗せずに、あなたのファジーな強みの輪郭を浮き彫りにすることはできない。トライした戦略はすべて、個人的な実験である。このアプローチは私に合う？　これは私が成長するのに役立っている？　もしそうなら、それで私のどういう強みがわかる？　もしそうでないなら、この失敗から私は何を学んで次に生かしたらいい？

自分に合った戦略を見つけるプロセスは、発見と修正を何度も繰り返すという点で、極めて動的である。あなたに合う戦略をひとつ見つけたとしても、ほとんどの場合、それで終わりにはならない。その戦略であなたは向上し、その結果、あなたの強みは変わる。その変わった強みをもっと生かせる戦略を試してみると、さらに、あなたの強みの動的マトリックスが変化する……というように、永遠に続いていくのだ。

標準化されたシステムにおいては、試行錯誤の余地はほとんどない。たとえばあなたが、成績がオールAを必要とする大学に進学を希望する理系学生で、詩の講義を試しに受けてCを取ったとしたら、他の志願者をおさえて合格することはできない。哲学の教授から、選択式テストに答えて読解力を示せと言われたのに、テストに回答するかわりに小論文を書いたら、あなたはほぼ間違いなく合格できないだろう。――あなたにとっては、それが自分の知識を伝えるのに最も効果的な方法だったとしても。

「唯一最善の方法」以外の戦略が許可されることもあるにはあるが、それはあくまでも仕方なく、だ。

たとえば、教育機関は「便宜を図る」などと恩着せがましい言葉を使って、個々の要望に応じる。多くの場合、生徒の「障害」あるいは「特別支援を必要とする障害」を証明する正式書類の提出を要求しさえする。

このような、多様化に対する消極的な姿勢には、非効率性への組織的な嫌悪感が表われているのは確かだ。だが、ここには、もっと暗い意識が潜んでいることが多い。そのような要求をする人は無能であり、無価値であるとか、あるいは、少なくとも特殊な要求をしなくてもいい人と比べて、能力的に劣っているとかいうような暗黙の判断がなされているということだ。その姿勢が実際にどれほど見え透いたものか、T・V・ラマンが明らかにしてくれる。

「盲目の少年」がルービックキューブを解くために編み出した戦術

T・V・ラマンことティルヴィルワマライ・ヴェンカトラマンは、両眼のシュレム管が破損した状態で生まれた。管が正常に機能しないため、角膜の後ろに溜まる房水の排出障害が起き、その結果、眼圧が異常に高まり、ラマンは生後まもなく緑内障を患う。満五カ月になったとき、インドのボンベイ（現在はムンバイ）の医師たちによる手術を受け、管の修復が試みられたが、術後、ラマンの左目は失明した。右目は、手術が部分的に成功し、もともとの視野の十分の一弱が回復。両眼失明という最悪の事態だけは免れた。医師たちはラマンの家族に、おそらく生涯なんとか部分的な視野は保てるだろうと告げたという。

ラマンにとって子どもの頃の良い思い出のひとつに、イギリスのクロスワードパズルや計算パズルや「ミスティックスクエア」パズルや迷路ゲームやチェスに夢中になった日々が含まれている。このことから、ラマンの小さなモチベーションの最も目立つもののひとつが「パズルを解くこと」だったと言えるだろう。

ラマンは、また、自分が物事の構造について考えているときに喜びを感じることにも気づいた。十代の頃、楽しみのために自力でドイツ語とフランス語を学んだ。言語の文法的な構造を知るのが面白かったからだ。また、過去と未来のどの日付であっても、その日が何曜日になるか計算する方法を、ラマンは探り当てた。それもやはり、西暦の数学的な構造に興味を抱いていたからだ。というわけで、もうひとつの強烈なモチベーションは「構造を探索すること」だった。

ラマンは、「競争」によっても意欲をかき立てられる。自分用のチェスセットを持っていて、十四歳上の兄が友だちを家に連れてきては、皆でチェスをしたがり、ラマンにチェス盤を貸してほしいと言ってきた。そのたびに、ラマンはまず自分に勝ってからだと条件をつけた。「たいてい、僕は午後いっぱいチェスができたもんさ」とラマンは笑顔で語る。

学校では、「パズルを解くこと」と「構造を探索すること」への興味から数学に対する関心が芽生えた。数学を学ぶのは、インドでは特に高尚なことと見なされ、たいていの親たちは、我が子から数学を専門的に追究したいと言われると安心し、その志を誇りに感じるものだ。ラマンは片目しか見えず、しかもあまりよくは見えなかったが、それでも、大きな文字で印刷された教科書を使い、授業中は最前列に着席することで、インドの厳密に標準化された教育システムのなかでも、やがて数学の分野で頭角を現す可能性があるように見えた。

ところが、惨事に見舞われる。

十三歳のとき、右目の眼圧が上昇したため、網膜が剥離した。病院へ行く途中で網膜は断裂し、右目の視力も完全に失った。ラマンは永遠なる暗闇の世界に入ったのだ。

数学の専門家になるための進路は断たれたかに思われた。ラマンは、もう二度と方程式を読むこともなく、代数式を解析することもなく、幾何学的な図形を眺めることもない。インドには、盲目の学生が教育を受け続けるために定められた道があるが、それは決して親が我が子に進ませたいと思えるような道ではない。

その指針は盲目の学生にもまったく同じ教育内容を与えることを基本にしているが、もともと教育システムの内容すべてが目の見える学生用に作られているので、進め方をはるかに遅くしたものだった。

「高校二年生のときに、他の子たちが中学一年生で習うことを教わるんだ」とラマンは説明する。

「しかも、何もかもが中途半端。盲目の子たちは皆、将来、電話の交換手になると思われていたんだ。だから、勉強しても意味がないってことになってた。以前、友人からこんな話を聞いたことがあるよ。『心配するな、きみは交換手にならなくてもいいぞ。たまたま会った盲人が、銀行に勤めてるんだ。たぶん、きみも銀行で働けるよ』とね。それで、僕は訊いたんだ。『その人は銀行で何をしているんだい？』と。友人は『それは知らない。今度、確かめてくる』と言った。結局、その人は銀行の電話交換手だったんだ」

ラマンは自分に合った学習戦略――本人の呼び方では、「ハック」（工夫）――を早めに確立しようと思いついた。どのようにハックを考案するかは、彼がルービックキューブの解法を探り出すときに採った試行錯誤のアプローチを見ればわかりやすい。キューブのことを初めて聞いたのは、一九八〇年代、彼の周りの誰もがこの新しいパズルを解こうとして失敗した頃だった。キューブを解けない人が多いという事実が、ラマンの小さなモチベーション「競争好き」を刺激した。また、キューブそのものが、「パズルを解くこと」と「構造を探索すること」という小さなモチベーションを刺激し、ラマンはキューブをひとつ購入する。

すぐにキューブに粒々を貼りつけはしなかった。それはもっと後のことで、まず、ツルツルの表面を両手で色々と動かしてみることから始めた。「面についている色のパターンが僕には見えなかったので、『そんなに難しいもんじゃなさそうだ』というのが第一印象だった。これは、非常にラッキーな誤解だったね。早々にくじけずにすんだから」

動かし方を探るうちに、ラマンは徐々に、指の位置を固定させてキューブを握るスキルを身につけていく。そうして、自分がどこをどう回したかを理解していく。それから、頭の中で六つの面のそれぞれに番号をつけ、自分の操作を何桁もの数字に落とし込んだ。

やがて彼は、キューブの一面を揃えていくのではなく、水平な層をひとつずつ揃えていかなければならないことに気づく。そして次の段階に進むためには、キューブ表面の個別の四角形を感じ分ける必要もあるとわかってきた。兄に頼んで、五種類の点字シールをキューブの五色に貼り分け、白の四角だけはツルツルという状態にしてもらった。

「これでやっと、どうしてみんながキューブを解くのに苦労していたか僕にもわかった。最初の予想より、はるかに難しかった。運よく、僕はもうキューブがどう動くか直感的につかんでいたけどね」

ラマンは、指で感じる色の並びに対応する数桁の数字を使って、脳内で順番に一つひとつのパターンを処理するミニ・アルゴリズムを独自に開発し始めた。これほど多くの異なるパターンとその関連性を、視覚化テクニックを使うことなく記憶するのは、想像を絶する難しさだが、ラマンの複雑な構造を把握する器量と、数字の配列を記憶する能力と、高度に発達した触覚が彼自身に強みを与え、その強みが彼独特の「触覚」戦術にマッチしたというわけだ。

さらに二週間ほど試行錯誤を繰り返した末に、ラマンはついに、キューブがどのような状態にあっても解ける操作システムを突き止める。まさに気分爽快だった。しかし、競争好きなラマンのこと、ここで止まりはしなかった。

「そこから先は、スピードを上げようと頑張った。そして、いくつものピースを平行に並べる近道を見つけた。これぱっかりは本当に、僕が一挙にキューブの全面を見る、いや知ることができたおかげだね。このことが有利に働いたとつくづく思う。そのうち、二十四秒で解けるようになった。僕の知る限り最速のタイムだ」

もちろん、子ども向けのゲームを解くことと、充実した仕事に繋がる教育を受けることは別の問題ではある。

「自分の強みに適した戦略」を選べばどんな困難も越えられる

ラマンがまず克服しなければならなかった大きな試練は、目の見える生徒たちと一緒に授業を受け、しかも、遅れをとらずに授業の中身を理解することだった。

たとえば、授業中に素早くノートをとるための独自のハックがまず必要だった。一九八〇年代初めというのは、まだラップトップコンピュータもモバイル機器もなく、リアルタイムにノートをとるには手で書き留めるしかなかった時代だ。ラマンはすぐに自力で点字を覚えたが、一枚の紙に（裏側から）点筆を刺して文字や数字を記述していくのは、時間のかかる大変な作業である。点字でノートをとりながら授業についていくのは、まず不可能だった。そこで、ラマンは独自の点字速記法を発明する。

「構造の問題だったんだ」とラマンは説明する。「点を使って文字や言葉を記録するために必要な、最小限の情報は何なのかってこと。僕は、高度に圧縮された表記形式をつくり上げた。

その形式だと、ひとつのアイデアを伝えるのに必要な点の数を最小限度に抑えることができるんだ」

数学の授業では、また別のコミュニケーション問題に直面していた。ラマンには、数学用の表記システムが必要だったのだ。下付き文字・上付き文字・数学上の記号・ギリシア文字などをたくさん使った複雑な方程式を、手際よく表現し読み取れなければならない。「盲人用の数式表記システムは、ひとつだけあった。ネメス点字システムといってね。ただ、アメリカでしか入手できなくて、その点字コードを取り寄せようとしたのだけど、誰も対応してくれなかったんだ。従来の点字システムを使って、授業のノートをとるのは無理だったし、どっちみち僕がやってた数学には役立たなかった。だから、点字速記法をつくったときのアイデアを発展させて、盲人用の新しい数式表記システムを考案したんだ」

独自のハックを使って、ラマンは優秀な成績で高校を卒業する。「若い頃の僕は、インドの教育システムのすき間になんとかうまく滑り込んでいけた。いい意味でね。本当なら、盲学校に行くように説得されていたのだろうけど、両親が正式に僕の視覚障害を書類で提出していなかったものだから、それと、僕はいつも学校の成績が良かったから、邪魔立てする人はひとりもいなかった」

これまでのところは順調。しかし、大学に入るのはまた新しい試練だった。インドの教育システムは、イギリスの厳密に標準化されたシステムを手本にしている。そして、そのなかには厳格な入学試験も含まれる。ラマンは、国内で最高の科学と工学を学べる学校に行きたかった。アメリカで言えばマサチューセッツ工科大学かカリフォルニア工科大学に相当する、インド工科大学（ＩＩＴ）だ。ＩＩＴの入試には、二つのパートがある。第一パートは選択式テスト。これについては、ラマンは既に編み出した戦略で充分な結果を出せると思った。第二パートがラマンにとって本当の意味での試練だった。問題を最初から最後まで解くことを義務づける筆記試験だったのだ。

「アメリカのテストでは、とにかく正解を出せば得点できるけど、インドでは、途中の計算式まで書いて、それがすべて正しくなければ得点できない。僕にとって大問題だったのは、第二パートでの時間配分だ。途中の数式を書くのに手間取ったら、制限時間内に解き終われない」

ラマンは選択式テストには難なく合格する。

次は、いよいよ山場だ。

「あの筆記試験では、自分を抑えることが僕の新しい課題に加わった。僕の意識は、ついつい解答に飛びつくところがあるからね。それに、たいてい、かなり速く正解を導き出すことができる。でも、確実に一つひとつの局面を整然と書き出していかなければならない。それまでとは違う取り組み方だったんだ。だけど、僕はすごく意欲的だった。もしここを突破できたら、ＩＩＴに行ける見込みがうんと高くなるとわかっていたからね」

その通り、見事に突破した。彼は入学を許可され、すべての講義で優秀な成績を取り、そして、視覚障害者として初めてのＩＩＴ卒業生になった。その後、コーネル大学に進学し、コンピュータ科学の博士号を取得。現在は、Ｇｏｏｇｌｅ社に上級科学研究員として勤めている。

Ｔ・Ｖ・ラマンの話を聞くと、多くの人がこう考える。「これだけの大きな困難にもかかわらず成功するとは、よほど素晴らしい天才に違いない！」

確かにラマンは素晴らしい人物だが、彼の歩んだ道から学ぶべき教訓は、それではない。彼は、ジェニー・マコーミックやアラン・ルーローやスーザン・ロジャーズや他のダークホースたちと何ら変わらない普通の人間である。ラマンが成功したのは、ずば抜けた数学の才能に恵まれ、その才能によって逆境を乗り越えたからではない。

彼が成功したのは、自分の小さなモチベーションにフィットする機会を選択し、そうして、自分の強みに適した戦略を自ら選んだからだ。

別の言葉で言えば、他のどのダークホースとも同じように、どうすれば自分にとって最も大切なことでその道を極められるか、その方法を探り出したということだ。

宇宙に行くよりも難しい!? 世界最難関の「マスターソムリエ試験」

標準化システムにおいては、制度的に認められた学習戦略を採用する以外に選択の余地はない。たとえば医師になりたいなら、まず大学の医学部に行き、それから必修コースごとに合格水準以上の成績を取らなければならない。

しかし、標準化された修行の道がない職種においては、個人的な戦略がいかに有効かを検証することができる。――専門職志望の人々が、制度からの干渉を受けず、どのように自力で這い上がって行ったのか。実際に検証すると、われわれは注目に値する事実を発見する。**制度が「唯一最善の方法」を強制するのを止めたとき、その職業に就くすべての人がダークホースになる**、と。

ソムリエが完璧な例だ。ホスピタリティ業界で最も尊敬される専門職が、コート・オブ・マスターソムリエによって認定されたマスターソムリエである。マスターソムリエは、西半球全体で百五十七人しかいない。ノーベル物理学賞の受賞者よりも、アメリカの神経外科医の年間卒業者よりも、今までに宇宙に行ったことのある人数よりも少ない。

ソムリエは、ワイン専門の給仕人である。フランス革命後のパリのレストランで、これに近い職種が最初に出現し、その後、ワイン醸造所がそれぞれにワインをボトリングし始めた一九三〇年代と一九四〇年代に、現代のソムリエの仕事が確立したという。

ソムリエの役割は、高級レストランのワインリストを整え、客の要望に応えてワインを選ぶ手助けをすることだ。なかでも、マスターソムリエは、よく知られているように、それぞれのワイン特有の味と香りを端的に言い表すことができる。

たとえば、あるカリフォルニア・シャルドネを「樫の香りときりっとした口当たりが特長の、わずかにレーズンと焦がしカラメルの風味がある白」と表現し、あるオーストラリア・シラーズを「熟したスミレ色の果実と極上スパイスのアロマが魅力の、華やかなコクと繊細な舌触りのバランスのとれた赤」と評する。

門外漢にとっては、名ソムリエの能力は別世界の話のように聞こえる。さらに皮肉屋なら、たかだか発酵したブドウ果汁を詩的に講釈するなど、勿体つけて戯言《たわごと》を並べているだけだと言いきるかもしれない。しかし、マスターソムリエの資格を取るのは笑い事ではない。NASA（航空宇宙局）のロケット科学者になるほうが、マスターソムリエになるより簡単だ。ただし、優秀なロケット科学者になるのと違って、優秀なソムリエになるのに決まった道はない。つまり、ここには**「唯一最善の方法」は存在しない**のだ。

あなたがマスターソムリエになりたいなら、ひとつだけ必ずしなければならないことはある。それは、マスターソムリエ資格認定試験（MS試験）に合格すること。それ以外のこと、つまり、合格するだけの充分な実力をどうつけるかは、完全にあなた次第だ。

MS試験は、いわゆる「能力試験」であり、ソムリエが実際の仕事で発揮する特有のスキルをもち合わせているかどうかが判定される。「サービス」「専門知識」「テイスティング」の三部門から成り、ひとつ目の「サービス」部門では、極めて厳しい注文をする客を相手に、緊迫した状況でワイン選びを手伝い給仕する能力が問われる。「専門知識」部門では、ワインとブドウ栽培に関する地理的知識と科学と歴史についての広範な質問に答えなければならない。そして、最も有名な「テイスティング」部門においては、六種類のワインの銘柄を隠して試飲し、それぞれの銘柄を特定し、その成分を正確に言い当てる必要がある。

この三部門の試験は、すべて口頭でおこなわれ、ソムリエの任務が果たされる実際の状況を反映した、実力判定方式となっている。客から質問を受けた現役のソムリエは、回答をパンフレットに書き込んだり、コンピュータの画面で確認したりせずに、直接テーブルで対応するからだ。毎回、受験者の約五パーセントしか合格しない、超難関の試験である。

なかでも最も難しいのが「テイスティング」だ。他の職種とソムリエの違いをとりわけ際だたせる技能の核をなす部分である。マスターソムリエになるためには、極めて奥の深いスキルを身につける効果的な戦略が必要だ。多種多様な、ブドウの発酵プロセスを、その味と匂いによって識別しなければならない。

もしあなたに、どのような人がMS試験に最も合格しやすいか予測してほしいと頼んだら、あなたは「匂いをかぎ分ける才能を生まれながらにもっている人」と答えるだろう。実は、私たちがインタビューしたマスターソムリエのひとりも、まさにその天賦の才を有していた。

ブラーム・キャラハンは、ボストンのレストラン「グリル23」で千九百種類を超えるワインのリストを管理している。「ワイン・スペクテイターズ最優秀賞」の受賞者であるブラームは、高度な嗅覚に恵まれたソムリエだ。少年の頃、彼にとって物の匂いはドラマの登場人物と同じようにはっきりとした性格をもつものだった。たとえば、ハナミズキの木が放つ「強烈な臭気」を避けるためなら、彼は何でもしたと言う。――たいていの人が、その微かに漂う香気に気づきもしないのに。

このもって生まれた強力な優位性に加えて、ブラームが育った環境も彼にとって有利だった。農業が盛んな地域で育ち、ワインの分類に役立つ様々な種類の匂いに常時さらされていたのだ。彼が今でも鮮烈に覚えているのが、木になった梨の実の特有の芳香と、キッチンのまな板でスライスされたばかりの梨から立ちのぼる新鮮な果汁の匂いと、コンポストから漂い出る梨の腐敗臭だ。

こうして、ブラームは最初にワインを評価する仕事に就いたとき、絵画に使われた色を見分けるように、いつも直感的にワインの成分を言い当てることができた。ちょうど、美術史を専攻する大学一年生がゴッホとピカソの絵を何の苦もなく見分けるのと同じように、ブラームは、MS試験に向けて勉強を開始する前から、異なるワインを識別する困難をほとんど感じていなかった。

こういうわけで、MS試験の「テイスティング」部門に向けた彼の戦略は、至って単純なものだった。生来の鋭い嗅覚と、試験で要求される正統なテイスティングの推理法、つまり、乾燥度や酸味などのクオリティによってワインを分類し、正確に銘柄を識別する方法とを統合させること。ブラームは、一度目の受験では「テイスティング」部門の合格を惜しくも逃したが、翌年には易々とパスした。

ほとんどのマスターソムリエが、このように鋭い嗅覚と味覚の持ち主ではないかと考える人もいるだろうが、あくまでもブラームは例外なのである。

もともと「一本の真っすぐな道」が存在しない世界

ソムリエ志望者のほとんどが、味と匂いを記憶する天賦の才を持ち合わせているわけではない。したがって、ブラームの「嗅覚ライブラリ」戦略は一般には通用しないものである。では、テイスティング部門に合格するための戦略とはどういうものだろう？

たいていの場合、「体力勝負」戦略からスタートする。できるだけ多くのワインを、できるだけ頻繁に味見するのだ。――単純な繰り返しによって、脳がワインの味と銘柄を一致させるようになるまで。これは、エミリー・ピックラルがMS試験の準備期間に採用した戦略だ。彼女は、ニューヨークシティのバーやヴァージニアの酒類専門店、そして、カリフォルニアのホテルに勤めながら、七年間にわたって二千種類のワインを味わった。単一品種のブドウでつくったワインの成分判別に重点を置いたブラームとは違って、エミリーはワインの総合的な識別に集中的に取り組んだ。

MS試験を受けたとき、エミリーは自分で名づけた「マッスルメモリー（訳注：筋肉の働きを脳に記憶させること）」戦略を駆使し、初挑戦で「テイスティング」部門に合格した。

パスカリン・レペルティアは、対照的に、いくらか特異な戦略でMS試験に備えた。彼女は生涯を通じて哲学を愛し、フランスでの博士課程においても哲学を学んだ。専門は形而上学で、プラトンとアンリ・ベルクソンを主に研究した。「ワインは、私の探究心を満たすものなの。いつも『なぜか』と考えるのが楽しいからよ」とパスカリンは言う。

「どんなワインにも、なぜその味わいがあるのか理由があってね。私は哲学的な演繹法を使って、その理由が何か導き出そうとするの。そのためには、化学と生物学と物理学と社会学と地質学と地理学と、それに言語学と私の専門の形而上学と、これらすべての知識が必要だわ。ワインのテイスティングは、肉体の哲学と言ってもいいわね。だから、私にはとっても自然なことなの。私のなかですべての点と点が繋がったのよ」

独自の「哲学的な」戦略を使って、パスカリンは「テイスティング」部門に初挑戦で合格を果たした。


他のソムリエは、もっと一般的な方法でアプローチするが、それに独自の対策を加える場合もある。エリス・ランバートは、色合いと味と香りの微妙な標識を探し出し、それに導かれてワインを特定するという対策を取った。たとえば、濁り気味の栗色、桃の味、野生のブラックベリーの香り。特に、ワインの酸味に注意し、銘柄を隠して鑑定するときはいつも、あらかじめ「基準のワイン」を少々すすり、酸味にうまく反応できるように心がけた。しかし懸命の努力のかいもなく、エリスはMS試験の「テイスティング」部門に五回連続で不合格になる。

エリスは六度目の挑戦で見事に合格できたが、それは型破りな戦略のおかげだと考えている。「エイミー・カディ（米国の社会心理学者）のビデオを観たのよ。体の姿勢と心の姿勢の両方の大切さを彼女は話していたわ。それで気づいたの。MS試験に臨むとき、マスターソムリエになりたいと望みながらではダメなのよ。自分はもうマスターソムリエなんだって思って臨まなくちゃならないの。試験に向かう直前に、私は両腕で勝利のポーズをとった。あのときからずっと、自分の意志で体の姿勢をコントロールするようにしているの。特に、お店のフロアで注文の厳しいお客様や疑り深いお客様の相手をするときにはね」

エリスは、ソムリエのアメリカ大会で女性初の優勝を果たし、その後、世界大会で五位に選ばれ、このとき世界最高位の女性ソムリエになった。

もうひとりマスターソムリエ志望だったのが、マイケル・マアー。彼は、テイスティングの試験に「体力勝負」戦略で挑み始めた。まる一年、週に二十時間から三十時間かけてワインを味見した。が、あえなく不合格を喫する。しかも、無残な敗退ぶりだった。マイケルは、動じることなく勉強時間を週に四十時間まで増やした。――依然として、「味見すればするほど、成功する」という信念をもって。マイケルは二度目も合格できず、さらに翌年の受験でも不合格に終わり、通算三度の失敗を経験する。

マイケルの意気込みは誰にも止められず、今度は「視覚化」戦略を加えてみた。これも、ソムリエの間で人気のある戦略である。ひとつのワインの銘柄から景色をひとつ連想する方法で、ワインを味わった瞬間にパッと頭に浮かぶ景色で銘柄を特定しようというものだ。たとえば、マルヴェックからは荒れ模様の暗い空を、ミュスカデからは薄ベージュ色の砂丘を連想する。

このよく知られた戦略を取り入れたマイケルは、「テイスティング」部門に四度目の挑戦をした。そして結果は、やはり不合格だった。

ここまでくると、仲のいい友人たちから「何が何でもマスターソムリエにならなくてもいいんじゃないか」とほのめかされるようになったが、マイケルは耳を貸さなかった。しかし、何かを変えなければならないと思い始める。

「他の人たちの方法は、僕には向いていないんだってわかってきたんだ。他のソムリエたちの戦略をいくつ試しても、僕は一向に上達しなかった。他の人たちがどうやって試験に合格したかは理解できたけどね」とマイケルは言う。

「私たちは皆、違った味わい方をするんだよ。そして、どのワインか見抜く方法も、風味の記憶も人それぞれ違うんだ。ワインを類別する用語は実に客観的だけど、そういう用語に私たちが到達するまでの経路はすごくユニークだってことだね」

そこで、マイケルは自分の個性に初めて目を向けてみた。そして、これまでの戦術の多くを捨て始めた。五度目の試験にも失敗したが、自分の考え方は間違っていないという確信は揺るがず、また、以前よりもずっと自分の感覚に合ったアプローチをしていると実感する。そして、ついに彼は自分に完璧に合う方法を思いつく。さしずめ、「生理学的」戦略と呼べそうな方法である。

「ワインの味見をすると、僕は人一倍敏感に反応するのがわかってきた。それは、もう生理的な反応でね。だから、それを利用することにしたんだ。ワインが僕の体にどんなふうに影響を与えるかってことをしっかりと意識することにした。アルコールが胸のあたりまでくると焼けるようにヒリヒリするとか、下顎に酸味が残るとか、口蓋にミネラル分が張りついた感じがするとか、二酸化硫黄が目に染みるとか」

まったく新しい戦略を始めたのに、マイケルは試験準備にかける時間が週に四十時間だったのを五時間から十時間程度に大幅に減らした。自分に合ったアプローチ法があれば、もう以前のようにノンストップで詰め込む必要がないとわかったからだ。

「なんだか全身でワインと対面している感じだったな。口だけじゃなくてね。ああいうのが悟りとか至福の境地っていうのかもしれないけど、とにかく、ついにワインが僕に語りかけてくるようになったんだよ。『きみが何者か、もう僕からは言わないよ。僕はただきみの話に耳を傾けるだけ』っていう感じだね」

六度目の挑戦で、マイケル・マアーはマスターソムリエに認定された。

「やり抜く力」を支えるもの

マイケルは、ブラームのような生来の鋭い嗅覚は持ち合わせていないが、別の並外れた才能の持ち主である。そして、その才能が発揮できる分野がMS試験の「サービス」部門だ。マイケルには、人を温かく丁重にもてなすことにかけては世界レベルの実力がある。厳しく複雑な要求にも手際よく応じ、しかもその対応には品格があり、わざとらしさがない。サービスと商品提供という、レストランが器質的・社会的に求められる実際の事柄について、細々《こまごま》とした事柄にも誠意をもって対処するのだ。人によっては、彼のこの生まれもった旺盛なサービス精神が、個性を戦略より優先させる邪魔になったのではないかと思うかもしれない。それでも、マイケルはテイスティングの戦略を見つけるのに苦労はしたものの、ＭＳ試験の「サービス」部門には、一度目の挑戦で見事に合格した。

一方、ブラームは超人的なテイスティング能力がありながら、試験の「専門知識」部門では一度目の受験で不合格を喫する。それも、かなりひどい出来だった。ブラームは、この結果に愕然とした。ホスピタリティ業界に入る前に、ボストン大学で古典学の修士号を取得したブラームは、古代史やギリシア語やラテン語の幅広い知識を既に身につけていた。学術的に優秀だというブラームの自信は、上達を妨げるものになっていたようだ。

「確かに、僕は専門知識の試験を軽く見ていたと思う。元はと言えば、僕が傲慢だったんだ。試験を見くびっていたんだな。自分がかなり頭のいい奴だと思っていたから。そのうえ、根拠のない自信もあったから」

たまたま運悪く不合格になったのだと考え、ブラームは二度目の受験に向けて学習方法を変えなかった。結果は、またも不合格。「このときばかりは、相当こたえたね」とブラームは言う。

「屈辱感を味わったよ。僕の記憶力は、雑学的な知識を含めて色々なことを大量に保持できるんだ。でも、記憶というのはそれだけでは生のデータに過ぎないってことに気づいた。そして、他と切り離された生のデータなんかなんの役にも立たないってことにもね」

ここでブラームも、自身についての洞察の瞬間を迎える。

「僕は、他の皆がやっていたような方法で学習していた。フラッシュカードや地図やそういう物を使って頭に叩き込んだりね。そんなとき、ふと自分に訊いてみた。『おまえの強みは何だ？』ってね。僕の強みは、論文を書くことだ。だから、理解しなければならないことは何かも、論文にまとめようと決めたんだ」

ブラームの「論文」戦略は、自分が気になるテーマについてひとつずつ学術論文を書くこと。論文一本につき、必ず三つの文献を参照し引用することを自分に課し、学生が教授に提出するような本格的な内容に仕上げた。このアプローチによって、ブラームは自分が身につけようとしていた知識を意味づけし、周辺の事象との関連性を明確にすることができた。

「次の受験では、圧勝だったよ」

マスターソムリエが専門知識を得るために使う戦略は、テイスティング能力をつけるために使う戦略と同じくらい多種多様だ。互いに問題を出し合うグループ学習が性に合うソムリエもいれば、ひとりきりで学習するのを好むソムリエもいる。

あるソムリエは、ワインについて語る自分の声を録音し、それを毎回の学習時に聴いたという。別のひとりは、「視覚ナビゲーション」戦略を採用し、まず、学ばなければならないすべての情報を白紙に書き込むと、この「カンニングペーパー」を大型フラッシュカードとして使うのではなく、一枚の紙のどこにどの情報が書かれているか記憶した。たとえば、アルゼンチンのブドウ園の名前を思い出す必要があったら、「アルゼンチン」の紙全体を思い浮かべれば、右下の隅に書かれたブドウ園のリストが「見える」という寸法だ。

＊＊

一歩ひいて、こういうことすべてが何を意味しているか考えてみよう。

ワインの「テイスティング」と「サービス」という技能をマスターするには、**まず自分自身についてマスターしなければならない**ということだ。

どこかの時点で、どのソムリエ志望者も自分の力不足を痛感し、非常に手ごわい現実に直面する。——そこまで彼らを導いてきた標準的な戦略では、最高レベルの卓越まで達するには不十分だという現実に。

マスターソムリエ志願の誰もが、一人ひとり、まず、それぞれの小さなモチベーションとソムリエという専門職のフィットを正確に見積もる必要がある。自分のモチベーションの分析において判断ミスをすると、いずれ未知の世界に足を踏み込まなければならなくなったときに燃料不足に陥るだろう。マスターソムリエは皆、彼ら独特のファジーな強みを発揮する正攻法を見極めるまで、それぞれ試行錯誤を果敢に繰り返すのに充分な情熱と目的意識を創出していたに違いない。

マスターソムリエになるための一本の真っすぐな道は存在しない。充足感の追求には、いかなる場合においても自分の個性を生かすことが必要なのだ。

「素晴らしいパフォーマンス」を叶える〝最後の鍵〟

自分の小さなモチベーションを突き止めたとき、あなたは情熱を生み出し燃え立たせることができる。その情熱が、あなたにエネルギーと本当の自分らしさを与える。自分に合う選択肢を突き止めたとき、目的意識が明確になる。その目的意識が、あなたに人生の意味と方向性をもたらす。そして、自分に合う戦略を突き止めたとき目標を達成することができる。

このすべてを実行したとき、あなたは心の底から誇りを感じ、自分が価値ある存在であることを実感するだろう。なぜなら、あなたは本来の自分でありながら、意義深い偉業を成し遂げたのだから。

しかし、この個人軸の成功という究極的な領域に達したいなら、つまり、素晴らしいパフォーマンスと充足感とを手に入れたいなら、まず、あなたがよく知っている教訓のひとつを忘れ去る必要がある。

Chapter 5

ignore the Destination

人生の目的地に到達するには、目的地を探してはいけない

——【ルール④】「目的地」のことは忘れて、充足感を今抱いているか自問する

本当のところ、僕たちがどこに向かっているのか気づくのは、到着してからなんだよね。

——ビル・ワターソン（漫画家）

5
Chapter
ignore the Destination

あなたはどこにでも行けるし、何にだってなれる！　ただし……

スーパーコンピュータが示した「目の前のことに集中する意義」

もし、あなたがチェスのことをよく知らないなら、グランドマスター（訳注：国際チェス連盟〈FIDE〉により付与されるチェスの称号）たちは何手も先を読むことに長《た》けていると思うだろう。たとえば「私がこうすれば、相手はああする。そしたらこう出るから、ああなる……チェックメイト」などと。名人か素人かは、先読みできる手の数で決まると思う人さえいるかもしれない。

実は、たいていの上級チェスプレイヤーはそういう戦い方をしない。**彼らは一手に集中するのだ。次の、思いきった一手に。**

彼らは今の局面で、最も自分が優位に立つ可能性のある駒の動かし方を判断する。判断の決め手は、目の前の駒の配置と、そこから見える相手プレイヤーの意図だ。そして極めて重要なこととして、相手がどういう性格のプレイヤーかも考慮に入れなければならない。攻撃的で無秩序なのか、型破りで独創的か。はたまた、忍耐強く慎重だろうか、と。

「僕は確信しているよ。人がチェスをするとき、必ず、その人のプレイスタイルに性格が出るってね。プレイヤーの性格がわかれば、そのプレイヤーの戦い方もわかるはずだ」

と断言するのは、元世界チャンピオンのウラジーミル・クラムニク。

同じ局面のチェス盤を前にして、三人の異なるグランドマスターが打つ手は、三通りだろう。彼らが決してしないのは、次の十手を頭の中で組み立て、それを頑なに押し通そうとすること。実際にグランドマスターがついに勝利の一手を決める瞬間を見ると、すべての一手が前もって考え抜かれた作戦のように思えるかもしれないが。

「僕は局面をつかむのが得意なんだ。自分の駒をどこに置くべきかも、感じ取れる」現世界チャンピオンのカールセンが、ある記者に語ったそうだ。「正しいと感じる一手を選ばなければならないときもある」

トッププレイヤーたちが長期的な目標よりも状況に応じた意思決定を優先させるのには、正当な理由がある。チェスのようなある一手から次に起こり得る結果を、余すところなく挙げることができる盤上のゲームにおいてさえ、数手先には、どのような人間にも――そして、どのようなコンピュータにも――計算できないほど無数の可能性が潜んでいる。

ＩＢＭが開発したスーパーコンピュータ「ディープ・ブルー」が、当時の世界王者ガルリ・

カスパロフに、人間とマシンのチェス初対決として挑んできたとき、カスパロフはディープ・ブルーを打ち負かした。――一秒間に一億から二億の局面が「見える」このコンピュータは、あるときは十二手先まで読めたというのに。

しかし、再戦ではディープ・ブルーが勝利し、このとき、人間の世界チャンピオンに勝利した初めての人工知能となった。勝因は、プログラマーたちがコード体系を変え、すべての可能性をしらみつぶしに計算したのではなく、人間のプレイヤーのように目の前の一手に集中するよう改良したことにある。

はからずも、スーパーコンピュータから個人軸の成功についての見識を一つ二つ与えてもらう結果となった。**従来の成功戦術とダークホース的な成功戦術の最大の違いは、おそらく目標設定に関することだろう。**

標準化されたプロセスでは、あなたはまず自分の目的地を見定めなければならない。対照的に、ダークホース的な発想の四つ目にして最後の要素は、**「目的地は忘れろ」**というアドバイスである。

目的地を設定することは、標準化されたシステムにおいては素晴らしいものだ。だが充足感を目指す個人にとっては、悲劇に繋がる。

合う・合わないは当然！「既存の成功」はまるで〝既製服〟

標準化されたシステムからは標準化されたものしか産出されない。そもそも、そのために標準化システムは存在するのだ。そしてこのシステムを採用する目的は、「素晴らしいパフォーマンス」をボトルやジーンズと何ら変わらない「再生可能な物」にすることにあった。

標準化時代において、あなたが自分のキャリアの〝最終目的地〟が気になって仕方がないのは当然だ。なぜなら、学校教育からスタートする出世の階段は人生の早いうちから始まり、そしてその時点で目的地を定めなければならないからだ。

経営学修士を目指そうか？　看護学士にしようか？　司法試験を目指すべきか？

標準化されたシステムにおいては、あなたが選んだ既存の成功の形が、あなたの最終到達地点、つまり目的地ということになる。

ダークホースたちは違った視点に立つ。「自分の才能を伸ばすこと」を考えるとき、彼らは個性が重要だということを前提にするのだ。読者の皆さんは既に本書を通して、溢れんばかりの多様な個性の一端に触れたことだろう。小さなモチベーションにおける個性。選択における個性。多様性に富む独自の戦略を生み出す、ファジーな強みにおける個性。これをすべて合わせれば、限りなく多様な「才能の開花」に通じる、数えきれないほどの道があなたの前に開かれるのだ。

偉大な小説家になるには何が必要だろうか？　多くの評論家によると、必要不可欠なスキルをひと揃え備えていなければならないらしい。第一に読み手を惹きつける登場人物を創造し、第二に説得力のある会話を書き、第三に読み手が納得する筋立てを考案し、第四にさりげない背景描写を盛り込む能力。放射線科医や土木技師を標準化するのと同様に、小説家を標準化しようと考えるなら、あらゆる小説家の卵に、この四つの適性要件をすべて満たせと要求しなければならなくなる。実際にそうしたら、多くの優れた小説家が間違いなく失格となってしまうだろう。

エルモア・レナードは、会話とドラマティックな場面と登場人物の書き手としては世界的に評価されているが、筋立てについていえば、とりとめのないありきたりな話が多い。スティーヴン・キングは筋立ての達人だが、登場人物はぎこちなく精彩に欠ける場合が多々ある。レフ・トルストイは、文学において最も記憶に残る登場人物を描き出し、感動のクライマックスへと繋がる淀みない筋立ても見事だが、それでもときおり、社会背景の描写が説教じみていて、そのために物語の流れが途切れることがある。

となれば、偉大なフィクション作家は、最低でも、読み手を唸らせる登場人物か筋立てのどちらかを創造できなければならないということで、われわれは一致できるだろうか？　ところが、ホルヘ・ルイス・ボルヘスは、登場人物にも筋立てにも特色のない、それでいて幻想的な随筆風のフィクション作品を紡ぎ上げた。これら作家たちは皆、文学的に一流の域に達している。つまり、二つとして同じ文学的な成功は存在しないということだ。

ダークホース・プロジェクトで発見した最も重要なものは、驚くほど多様に存在する個性的な専門技能かもしれない。インタビューに応じてくれた多種多様なダークホースたちが活躍するどの分野においても、彼らの技能獲得へのアプローチには重大な違いがあり、その個別の成功を辿っていくと、その人物の個性に行き着くことがわかる。

あなたがファジーな強みと多様な成功を信じるなら、あなたが今後どのような種類の高等技術を手にすることができるか誰にも予知できるはずがないとわかるはずだ。

もしあなたが最終的にどこへ行き着くかわからないなら、ひとつの目的地に向かって脇目もふらず突き進んでいくのは意味がない。

早々と一本の真っすぐな道を辿ることを決めてしまうと、はるかに充足感を得られる成功へと導かれる、無数の道を閉ざすことになるかもしれない。

しかし、標準化システムにおける「目的地を見定めよ」という指令は、もっと目立たない形で、あなたから充足感と成功に至るチャンスを少なからず奪おうとしている。

つまり、あなたを誘導して、**「時間」という有毒な概念に従わせようとする**のだ。

「習得までどれくらい？」この質問に疑問を抱かない人は要注意

生産システムを標準化するとき、最初にマネージャーが決めなければならないのは、製品が最終的にどういう体裁をとるかだ。アウトプットが確定すると、マネージャーは次にインプット（材料など）をアウトプットに変換させるプロセスを標準化する。つまり、システムの「唯一最善の方法」を構築するのだ。そして、この「唯一最善の方法」の均一性と一貫性と信頼性を保つために、マネージャーは時間の流れを厳しく規制しなければならない。

そのため、当然のこととして、標準化されたすべてのシステムは、現代のほぼすべての学校、大学、さらに職員研修プログラムまで、**標準化された時間**を規定し、その時間を守るように強要する。二学期制、三学期制、四学期制、シーズン制、学年、会計年度などのように、教育や研修の開始日程と終了日程をあらかじめ規定し、その固定した期間とペースを管理するのだ。

アメリカの大半の大学で、学士号を取得するには四年間（または百二十単位時間）を要し、それはマーケティングを専攻しようと、海洋生物学や中国公用語を専攻しようと、変わることはない。また、大きな公立総合大学でも、小さな私立の一般教養単科大学でも同じだ。ノーベル賞を獲得した教授から教わろうが、やる気のない教育助手（訳注：主に大学院生）から教わろうが変わることはないし、もちろん、あなたの呑み込みが早いか遅いかも関係ないのだ。

制度が時間を標準化するのは、標準化された成功を生み出すためだということは間違いない。しかし、ここで、完璧にはっきりさせよう。**このような時間の標準化に利益がもたらされるのは制度だけであり、あなたには何の利益ももたらされない。**

すべての学生に同じスケジュール表を守らせるのは、学校管理者が教育する過程を管理しやすいからだ。そのために、入学、登録、コース時間、最終試験、そして卒業まで、すべての日程を設定する。あらゆる対象者にこの日程を守らせ、同じレールを同じペースで走らせ、同じ間隔で途中停車させ同じ駅に到着させることによって――あるいは、ズバリ言えば、あなた個人の教育体験を学校運営陣の就労日課に合わせることによって――教育機関は、より都合よく予算を管理し、人員を割り当て、そして授業を実施することができるというわけだ。

この結果生じるのは、個々の進捗度がひとつの数字によって簡潔に表されるということだ。すなわち、**「どれだけの時間が経過したか」**である。

あなたが今からアメリカの大学で三年目の学年を始めるところなら、学士号の取得までちょうど半分までできているということだし、もしカナダの高校の三年生で、将来弁護士になりたいと考えているなら、有資格の弁護士として収入を得るようになるのは八年後ということになる。ドイツ在住の十三歳で、物理学者志望であれば、教授として採用され得るのは十一年後である、というように。

こうしたことすべてが、われわれに**「上達するのは単に時間の問題だ」**と信じ込ませようと

している。

当然のことながら、科学者もまたこの魅力的な強い信念に感化されやすい。そもそも彼ら自身が、同じく固定されたペースの教育システムを通過し、研究を実行するために必要な資格認定を受けたからだ。そのうえ、彼らの研究対象である被験者たちの多くが、標準化された時間を強制する組織内で研修を受け働いている。その結果、個人の技能習得度を調査する研究者たちのほとんどが、時間を独立変数として扱い、従属変数として扱わないのだ。つまり、時間を専門知識の原因と見なすことになる。そして最後に、科学者たちは一見無邪気な質問を投げかける。「すべて習得するには、どれだけの時間が必要なのか?」と。

これに対して、研究者が整然と「マスターするには、平均して八千時間の演習が必要です」とか「専門家になるには、だいたい十二年間の通学を要します」と答えると、われわれは無抵抗にこの数字を受け入れる。何はともあれ、この結論が、技能習得と時間との因果関係についてのわれわれの理解と合致しているからだ。

しかし、ダークホースたちはこうした結論をあっさりと拒否する。

ダークホース的な発想において、**時間は重要ではない**のだ。

平均年齢、適齢期……「時間」から自由になる考え方

マスターソムリエ認定試験に合格するために、何時間の学習と練習が必要だろうか？　場合によりけりだ、というのが正解である。それぞれのソムリエの個性によって異なるのは当然だが、何よりも、技能を習得するためにそのソムリエが選ぶアプローチ法によって変わる場合が多い。

ブラーム・キャラハンの場合は、ＭＳ試験に合格するのに四千時間くらいの学習と練習が必要だった。マイケル・マアーの場合は、八千時間近くかかった。もしブラームが黙々と同じ「フラッシュカード」戦略で「専門知識」部門の試験勉強を続け、独自の「論文」戦略に切り替えなかったら、合格するまでにマイケルの二倍の時間がかかったかもしれない。もしマイケルが独自の「生理学」戦略を最初から適用させて「テイスティング」部門の試験に備えていたら、ブラームの半分の時間で合格できたかもしれない。

どちらの場合についても、最も重要な時間的要因は、二人がマスターしようとしていた課題にある固有の難易度でもなければ、二人がそれぞれにもっている総合的な学習能力でもない。何よりも決定的なのは、マスターソムリエ志望者それぞれが、その個性に合わせてカスタマイズした戦略（または、戦略の組み合わせ）が必要だということを認識して、それぞれのハードルを越えなければならなかったということだ。そして、その認識に至るまでの時間と、自分の

ファジーな強みに適した具体的な戦略を見つけるまでの時間のほうが、正攻法が選択されてから実際に熟達するまでに要した時間よりもはるかに影響力が大きい。

ダークホース的な発想では、**時間は「相対的」なものだ。**上達のペースは、個人が選択する個々の機会と、その人が試してみる個々の戦略によって決まる。つまり、あなたが上達するのにかかる時間は、常にあなたの下した決断に比例するということだ。

時間が必然的にあなたを上達へと導くことはない。メトロノームが刻む音ではなく、自分自身が選ぶ選択肢こそが、あなたを次のステージへと押し上げるのだ。どのような「標準的な達成スケジュール」にも疑いをもつべきである。そのスケジュールは単に、静的かつ一次元的な平均値を基につくり出されたものであり、あなた個人の動的かつ多次元的なモチベーションと強みを一切考慮に入れたものではないからだ。

「テニスをマスターするには、平均してどれくらいの時間がかかりますか?」「有機化学を理解するのに、どうして僕は同級生たちよりこんなに時間がかかるんだろう?」などと無意味な質問をするのはやめて、ただ、あなたはこう自問すべきだ。

「これは、自分にぴったりな戦略だろうか?」

標準化されたシステムは、あなたの意識をこの極めて重要な問いかけから逸らそうとするだろう。状況に応じた個々の相対的な時間など考えず、あくまでも自分の目的地を知り、コースから外れずに進むうえでの標準的な時間だけを念頭に置け、と。これは、真っすぐな道を進むことを選んだときに、われわれ自ら合意する内容だ。そして、多くの場合、かなり不利な合意である。

しかし、自分のペースで独自の選択をすることによって、**時間を相対的なものとして考えられるようになると、あなたにとって時間は重要ではなくなる。**なぜなら、あなたは一歩ごとに充足感を最大化し、やがて、その充足感が上達のペースを最速化することになるからだ。

シリコンバレーの起業家やプロのスポーツ選手や医学部の卒業生の平均年齢が書かれた記事を目にして、あなたは自分のビッグチャンスを逃したと思うだろうか。現役引退という社会通念に、世間が自分の退場する日付へと追い立てているとして、恐怖を感じるだろうか。将来への可能性を信じる内なる思いにストップをかけられたかのように。要するに、標準的な時間は、われわれの注意を間違ったところに向けさせる。

しかし、対処法がひとつある。それが**「目的地は忘れろ」**という指令だ。**旅路の果てを見通すのではなく、目の前にあることに集中せよ、**と。

「大人になったら何になりたい?」は呪いの言葉〃!?

若い人なら誰もが知っているだろう。次のような質問をしつこく浴びせられるのがどういうことか。

「大人になったら、何になりたい？」

何か希望の仕事を答えなければならないと感じる多くの少年少女は、期待に添いたい一心で宣言する。「僕はエンジニアになりたい」あるいは「私はジャーナリストになりたい」と。最初のうちは、こうした言葉は単に口から出たものに過ぎなくても、ことあるごとに家族やカウンセラーや教師から「目的地を見定めておきなさい」とプレッシャーをかけられるにつれ、この〝大人になったらなりたいもの〟は確固たる計画になることが多い。しかし、将来の職種をあまりにも早いうちに決めてしまうと、結局「果たせなかった夢」として終わる危険性が高くなる。それは、現実を踏まえていないからだ。――変化の必然性を。

成功したいなら、あなたは目的意識をつくり出さなければならない。目的意識をつくり出すには、あなたの小さなモチベーションと自ら選ぶ機会とのフィットを最大化しなければならない。こうなると、専門職に就くための（はるか遠い未来のどこかに存在する）チャンスを追求するうえで、明らかに二つの問題が発生する。

第一の問題は、あなたがそこに到達するまでに、自分の小さなモチベーションについての理解が変わり得ること。第二の問題は、そのチャンス自体が変わり得ることだ。

既に述べた通り、標準化されたシステムによって、あなたの小さなモチベーションについての理解は抑え込まれがちである。そのため、標準化されたシステムのもとで本当に自己認識ができるようになるのは、常に苦しい登山を続けるようなものだ。

高等教育という厳密な階級制の中へ盲目的に突き進むのは、自己認識を深めるというよりむしろ、それを封じ込めることになりかねない。しかし、極めて個別化した教育システムをもつ世界でも、個々のモチベーションの局面すべてを洞察するには、多くの大胆な行動と有益な失敗が必要になるはずだ。要するに、あなた本来の小さなモチベーションの組み合わせが、目指す目的地に最適なものになるかどうかなど、前もってわかるわけなどないということになる。

さらに、もしあなたが幸運にも自分のモチベーションを正確に把握できたとしても、そのモチベーションが時の経過とともにどう変化するか予知することは不可能である。成功を追求しようとするその過程こそが、あなたを予期せぬ形で成長させ上達させる要因であり、ひいては、異なる組み合わせのモチベーションを導き出すことにもなるだろう。——遠い昔に追いかけようと決めた、標準化された目的地にはもうフィットしなくなったモチベーションを。言うまでもなく、目的地が遠ければ遠いほど、そこへ到達する前に、自分の個性についての理解が深まり進化する可能性は高まるものだ。

しかも、あなただけが変わるのではない。鉄壁の保証があるのは、あなたが目的地へ着く頃には世界も様変わりしているということ。**真っすぐな道を歩み始めたときには存在しなかった機会が、新たに出現するだろう。**

十年前には、ソーシャルメディア・コミュニティ・コーディネーターも、スマートカー専門のエンジニアも、ブランド体験デザイン担当者も、さらには3Dプリンターを扱う企業家もいなかった。十年後に、どういう刺激的な機会が現れるかなど誰にもわからないのだ。

チェスのグランドマスターと同じように、ダークホースたちも、目的地を知ることなく成功を収めることが可能だと教えてくれる。**ただ、自分自身がどういう人間かを知らないと、そこへ辿り着くことはできない。**

"タイガーペアレント"に育てられた優等生ジェニーの物語

幼い頃から、ジェニー・ドーシーは自分がどこへ行きたいか、その正確な場所を知っていた。出世の階段の最上階である。両親から、成功の秘訣は他の誰よりも早く高いところへ登りつめることだと教え込まれていたのだ。「私の両親は、タイガーペアレント(訳注:子どもに高い期待をかけ教育熱心な親)だったの」とジェニーは言う。

「そして両親にとっては、人生は完璧な成績と、他の子たちとの競争に打ち勝つこと。そうして高い地位の職業に就くことだった。私自身も競争は大好きだったから、そういうことに特に疑問をもたなかったの」

ジェニーは優等生だった。これは、あまりにも控え目な表現かもしれない。彼女は十五歳で高校を出ると、十九歳でワシントン大学の財政学の専攻課程を修了した。

「どのクラスでも抜群の成績だったから、先生たちは、私を優先したわ。今となっては自惚れもいいところだけど、当時はまるで歯止めがきかなかった」

卒業してまもなく、ジェニーは経営コンサルタントとしてアクセンチュアに就職する。給与も福利厚生も申し分なく、さらに社用であちこちに旅行する機会もあり、一般的な基準から見ても、また彼女がまだ十代だったことを考えても、これ以上ないほど恵まれたキャリアのスタートだった。しかしトップまで登りつめなければ気が済まないジェニーは、早くも、社内で最高のポジションのひとつを狙って計画を練り始める。

「高級ファッションブランドのコンサルタントになりたかったの」とジェニーは言う。「それが私の目標で、究極のステイタスだった」

しかし残念ながら、会社は彼女をディスカウント百貨店の担当にした。これはアクセンチュアでは最も面白味のない、昇級のチャンスも最も少ない部署のひとつだ。

「まず私が思ったのは、『それならそれで仕方ない。少なくともニューヨークで仕事できるからいいか。そこから行動を起こしていけばいいし』みたいなことだった。でも、その後、アーカンソーでの勤務だって言われて、もう『それは、ないでしょう?』っていう気分だったわ。とにかく、どうにかして上に行こうって決心したのよ」

彼女は出世の階段を上るべく、行動を開始する。上司に取り入り、ときには強引に、ときにはなりふり構わず周りの同僚を押しのけて昇級していった。そしてついに、マンハッタンを拠点とする世界有数の最高級ファッションの店セオリーのコンサルタントという地位を獲得する。こうして、ジェニーは二十一歳にして早くも人生の目的地に到着した。

「私情をはさまず、すべてビジネスとして割り切る」という大原則があるが、ジェニーのキャリア向上の軌跡は、その最たる例と言っていいだろう。非難めいた気持ちを抱く人もいるかもしれないが、こう問われたらどうだろうか。

「彼女はただ、標準化されたシステムに要求された通りのことを実行していたのではないか。他の皆と同じことをして、皆より優秀であろうと努力することによって、出世の階段を上っていただけではないか。彼女はまさしく、そもそもシステムが望んだ成功例ではないか」

ジェニー本人は、そう思っていた。目的地到達を自ら祝って、ソーシャルメディアに誇らしげに投稿し、全世界に向けて自分の華やかな生活を見せびらかした。「欲しいと思っていたものすべてを手に入れたの」とジェニーは言い、深い溜め息を吐く。

「それなのに、自分の人生が大嫌いだった」

彼女の半生を通じて、ずっと思い焦がれていた目的地に到達したにもかかわらず、充足感はまったく得られていなかったのだ。

「Ｆａｃｅｂｏｏｋとリンクトイン（訳注：ビジネス向けのソーシャル・ネットワーキング・サービス）で頭がいっぱいだったわ。ひっきりなしにアップデートしていた。でも実生活では、友だちがひとりもいなかったの。友だちなんて足手まといになると思っていたのよ。実業界って、食うか食われるかの世界だからね」

とジェニーは説明する。食生活も、徐々に不健康になっていく。夜中に暴飲暴食し、その後の数日間は何も食べないこともあった。

「もう完全にどうしようもない状態だった。ろくに寝てもいなかったし、ちゃんとした仕事もできていなかった」

そしてついに、ジェニーに転機が訪れる。

「鏡を見てハッとしたの。この人、一体誰よ？って」

長い間、周囲の人が考える成功への道を高速で駆け抜けてきたために、本当に欲しいものが何か、立ち止まって考えることが一度もなかったのだ。

「突然はっきりしたの。初めからやり直さなきゃって。私はまだ両親のために生きていたのね。両親の期待に応えるために。両親が考える、成功の意味を鵜呑みにしていたの。自分が誰なのか、見極めるために何か手立てを見つけなくちゃいけない。残りの人生で、私は一体どんなことをしたいのか、今度こそ突き止めようと思った」

「他の人が考える成功」を諦めたら手に入ったもの

そこでジェニーは仕事を辞め、長期の「自分探し」を開始する。カフェでバリスタとして働いたり、ミックスジュースを売り歩いたり、あちこちのレストランの厨房で働いた。両親は、キャリアを棒に振ったジェニーに怒り、呆れ果て、結局、親子関係は壊れてしまった。それはジェニーにとって悲しいことだったが、その一方で、自分が人生の瀬戸際に立っていることもよくわかっていた。元はと言えば、他の人が考える成功を追い求めていたために、自分を見失うことになってしまったのだ、と。

やがて、周囲との健全な人間関係が築かれ、ジェニーは徐々に本当の友だちをつくっていく。そして、ありのままの彼女、自分らしい生き方を探そうとする彼女を愛する男性と結婚。どのような形の成功を目指すのであれ、夫はジェニーの考え方とペースを尊重し、彼女がどのような選択をしても、そのたびに支持した。そしてついに、健康的な食生活も回復。ジェニーは料理の楽しさを初めて知り、軽い気持ちで料理教室に通い始める。その後、大手の調理専門学校に入学。新しく身につけた料理の腕前を試すために、ジェニーと夫は友だちを招いて五品料理（訳注：オードブル・前菜・サラダ・メイン・デザート）の夕食パーティーを開くことにした。

ジェニーが食事をこしらえ、夫が飲み物を用意した。

「料理は失敗作だらけで、飲み物はもっとひどかったわ。でもね、パーティーそのものは、私にとってある種の啓示だった。生まれて初めて、完全に私の思うままにやりきったことだったから。自分でメニューを決めて、自分で料理して、パーティーの段取りを立てて、創造力も発揮して、あるがままの私でいながらゲストをもてなすことができたの」

ジェニーにとって心から楽しいひとときだったので、夫の了解を得て週一回のペースでパーティーを開くことに決めた。回を重ねるごとに、来客は増える一方だった。

「そんなある日、全然知らない人がパーティーに現れたの。夫と二人、つくづく思ったものよ、

『ワオ、私たちのやっていることを皆、本気で楽しんでくれてる』って。何より、私たち自身がすごく楽しんでいたから、試しに次の段階に進めてみようかってことになったの」

次の段階に進むには、ジェニーは初めて、自分の本当の小さなモチベーションに裏打ちされた大胆な行動に出る必要があった。夫と一緒に、ニューヨークにある広い会場を借り、夕食パーティーのチケット百枚を販売する。

「私たち夫婦は、お金をたくさん遣ってしまったわ。全額回収できるはずだと思っていたけれど、結局、戻ってきたのは半分だった！　参ったわよ、でも気にしなかった。だって最高に楽しかったんだもの」

ジェニー夫妻は、ニューヨークの街で「一夜限りの夕食クラブ」運営に磨きをかけ続けた。二人がつけたクラブの名前は、「I Forgot It's Wednesday」（訳注：「うっかりしてたら、もう水曜」という意味）。その理由は、いつも水曜日にパーティーを開くから。

「クラブのことが本当に自慢だったわ。こんなふうに何かのことを大事に思えるなんて、それまで一度もなかったの。夕食クラブは、私がようやく辿り着いた、私自身の思いが詰まったものだったのね。たとえば、コース料理のひとつには『You Make Asian Food Right?（訳注：「アジア料理をつくったつもり？」という意味）』っていう名前がついてた。そのコースは、ちっともアジア料理じゃないけど、一品一品がアジアの影響をすごく受けていたの。アジア系アメリカ人の私は、一次元的な存在じゃないってことを表現したつもりよ。『Fancy 'Cause It's

French（訳注：「フレンチだからオシャレでしょ」という意味）』っていう名前の一品もあったわ。これは月餅なんだけどね、伝統的な月餅の風味（小豆と塩味のついたアヒルの卵）がありながら、材料をフレンチ風にひと工夫して、ケーキのような位置づけでアントルメとしてお出ししたの。これは、私たちはクオリティだけを深刻に考えてやっているのではありませんっていう意思表示ね。それを自嘲気味に料理の名前にしたわけ」

ジェニーの大胆な行動は、大きな成果をもたらす。夫と共にサンフランシスコへ引っ越し、そこでも「I Forgot It's Wednesday」を続けていると、一年もしないうちに、サンフランシスコのアングラ夕食クラブの一位に選ばれた。しばらくしてニューヨークに戻ると、今度は「Guest of a Guest」（訳注：ニューヨークを中心とするイベントや有名人について情報を発信するウェブサイト）で市内トップの「秘密の食事クラブ」に選ばれ、CBSニューヨークからも「市内随一の美味しいメニュー」に指名された。二人の「一夜限りの夕食」シリーズは、現在「Ｗｅｄｎｅｓｄａｙｓ」と名前を変え、相変わらずの盛況ぶりである。

人生の最初の三分の二を、周囲の人が考える成功を追いかけて過ごしたジェニーは、ようやく自分の個性が重要な意味をもつ場所へと辿り着くことができた。

「私たちのブランドを、本当に私たちらしく築くことができた。だって、すべてに私たちの思いや価値観が息づいているから」

「目的地」と「目標」はどう違う?

ダークホースたちは「目的地」を無視する。しかし「目標」は無視しない。ダークホース的な考え方では、この二つに明確な違いがある。

目標は、常に個性から出現する。さらに厳密に言うと、能動的な選択から生まれるものだ。対照的に、目的地は、自分以外の誰かが考えた目的に個人が同意し、目指すと決めた地点のことだ。たいていの場合、目的地は、標準化されたシステムに与えられた機会によって決まる。

目標は、直接的・具体的に達成可能なものだ。目標に達するために、あなたは直ちに色々な戦略を試みることができる。出版社の締切に間に合うように小説を書き上げることも、来年度の営業成績を伸ばすことも、次のサッカーの試合に勝つことも、すべてダークホース的な発想に即した正当な目標である。

対照的に、目的地に達するのは常に不確かなことだ。そこへ行き着くまでの途中にあるもの、未知のもの、予測不可能なものに左右されるからだ。目的地が要求するもの、それは数多くの未来の戦略である。そして、それらはすべて、介在する戦略を実行した結果次第で変わるものだ。目的地が未来の出来事によって左右されればされるほど、あなたの充足感は損なわれる。なぜなら、あなたが現実の変化を無視しなければならなくなるからだ。ノーベル文学賞を獲得することも、売り上げナンバーワンの営業マンになることも、ワールドカップで優勝することも、すべて目的地である。

あなたが高校生なら、ハーバード大学法科大学院への入学は目的地である。あなたと目的地の間には、極めて多くの未知の出来事が存在する。しかも、その目的地自体が、完全に標準化されたシステムによって決められたものだ。

しかし、自ら目標を設定し、その達成に向けてすぐに行動を開始することはできる。たとえば、哲学書を読むこと、次のディベート・クラブでの論争に勝利すること、地元の法律事務所に実習生として採用されること。もちろん、最終的にハーバード大学法科大学院にあなたが入学することもあり得る。しかし、こうした直近の目標に向けて行動した結果の、経験を通じた自己認識によって、あなたの視野が広がり、自分の個性にもっと適した選択肢を発見する可能性のほうがはるかに高い。

目標と目的地の違いは、ともすると意味論のゲームのように受け取られるかもしれないが、まったくその類いのものではない。この二つは、目的なり目標がどうあるべきかという点において互いに異なる概念であり、それぞれに異なる二つの論法から生まれたものだ。あなたが「目的地を忘れる」ならば、なんとかなると信じて無謀な道に進む必要はなくなる。

ただ、数学を信用するだけでいい。

成功のランドスケープ　Designed by Bruno Gazzoni

最も高い山頂に、地図をもたずに辿り着くには？

見渡す限り広がる、無数の山頂と谷を想像してみよう。ちょうど、上図に示されたような光景だろう。

ここで、あなたに課された任務は、最も高い山頂に登ること。与えられた試練は、この前人未踏の山岳地帯の地図をあなたがもっていないこと。つまり、広大な山並みに点在する頂上の位置も高さも知らない状態で任務を遂行するということだ。

おそらく海抜ゼロに近いところから登山をスタートするので、あなたから見えるのは間近に迫るいくつもの起伏の激しい斜面だけである。さて、登っていけそうなルートを、あなたはいかにして見つけるだろうか？

これは単に思考力を測るための実験ではな

い。数学者たちが**「総合最適化問題**（global optimization problem）」と呼ぶものの一例である。

あなたにとっての才能の開発も、成功の追求も、個人的な総合最適化問題だと言える。この山岳地帯にある起伏は、すべて、あなたが到達できる様々な成功の度合いを表しているのだ。もちろん、それは独自の小さなモチベーションとファジーな強みがあってのことだ。一つひとつの山と谷が、あなたの異なる挑戦や努力を表していると考えることもできる。

この前頁の「成功のランドスケープ」に描かれた多くの地表のくぼみや急な崖を見てわかる通り、すべてに秀でる潜在能力を持ち合わせた人などいない。しかし同時に、あなたが秀でることが可能な物事が無限に存在することもわかる。問題は、あなたが地図を持っていない場合、到達可能な山頂のひとつにどう登りつめるかということだ。

ダークホース的な考え方が、この試練に完璧に適している。外から見ると、アラン・ルーローやスーザン・ロジャーズやダグ・ホアーのようなダークホースたちが専門的な技能をマスターするために辿った道は、理にかなった過程ではなく、むしろ幸運に恵まれた結果であるように思えるものだ。しかし数学者たちの間で使われる用語のひとつに、このようにはっきりとは見えないが目的のある過程、すなわちダークホースたちが成功を目指して進んだ過程を端的に表すものがある。

それは、**「勾配上昇法**（Gradient ascent）」だ。

長年にわたって、応用数学者は多様な勾配上昇アルゴリズムを考案し、この計算法を総合最適化問題に適用してきた。その目的は、最短時間で到達できる最高の頂点の位置を特定することにあった。多くの産業が、通常の製品設計において勾配上昇アルゴリズムを取り入れている。こうした製品のなかには、レンズ、自動車のサスペンション、無線センサー・ネットワーク、情報検索システムなどが含まれる。

ダークホース的な発想にある四つの要素は、すべて合わせて適用されると、勾配上昇アルゴリズムと同じ機能を果たすようになる。

勾配上昇法が山登りにどう適用されるか、順を追って見てみよう。

まず、スタート地点の近くにある斜面をすべて見渡し、最も急な斜面をひとつ見つける。しばらくの間、その方向に登り続け、それから足を止めて見晴らしの利くようになった地点から周囲を見渡す。この段階で、もっと望ましいルート（正確には、もっと急な斜面）がないか見極めるためだ。このプロセスを何度も繰り返しながら、着実に高度を上げていき、ついに山頂に到達する。このプロセスでは、頂上までの最速のルートは見つからないかもしれないが、確実にそこへ辿り着けるのである。

成功したければ、「最も険しい急斜面」を登って行け！

このプロセスは、「自分に合った戦略を見つける」ための試行錯誤方式の根底にある数学的な論理を捉えたものだ。つまり、あなたのファジーな強みにフィットする戦略を探すのは、**〝上達〟を目指して登ろうとする山の、最も険しい急斜面を探す**ということである。

自分の個性に適した戦略を選べば、あなたはあっという間に急斜面を登ることができる。自分に合わない戦略を選んだら、ゆっくりと時間をかけて登るか、あるいは、少しも上に進めなくなってしまうだろう。

ひとつの戦略を決めて、しばらくの間、あなたはそれを実行してみる。それから立ち止まり、もっと望ましい戦略（もっと望ましい斜面）がないか見極めるべく周囲を見渡す。「自分の小さなモチベーション」と「自分に合った選択肢」を把握することは、ダークホース的な発想の勾配上昇プロセスにおいても重要な役割を果たす。

あなたが大胆な行動に出て、新しい機会を選ぶのは、まったく知らない山に入り、その独特な険しい岩肌や絶壁にしがみついて登るのと同じことだ。そしてさらに、その山からもっと高い山頂が見つかるかもしれない。

この成功のランドスケープには、ある決定的な特質がある。その特質によって、われわれは、なぜダークホース的な発想のほうが「目的地を知り、懸命に努力し、コースから逸れるな」と提起する標準公式よりも、個人を成功へと導けるのか理解することができる。あらゆる個人の成功のランドスケープは、それぞれに特色のある固有な地形を呈している。なぜなら、個々人がそれぞれに独自のパターンの小さなモチベーションとファジーな強みを持っているからだ。

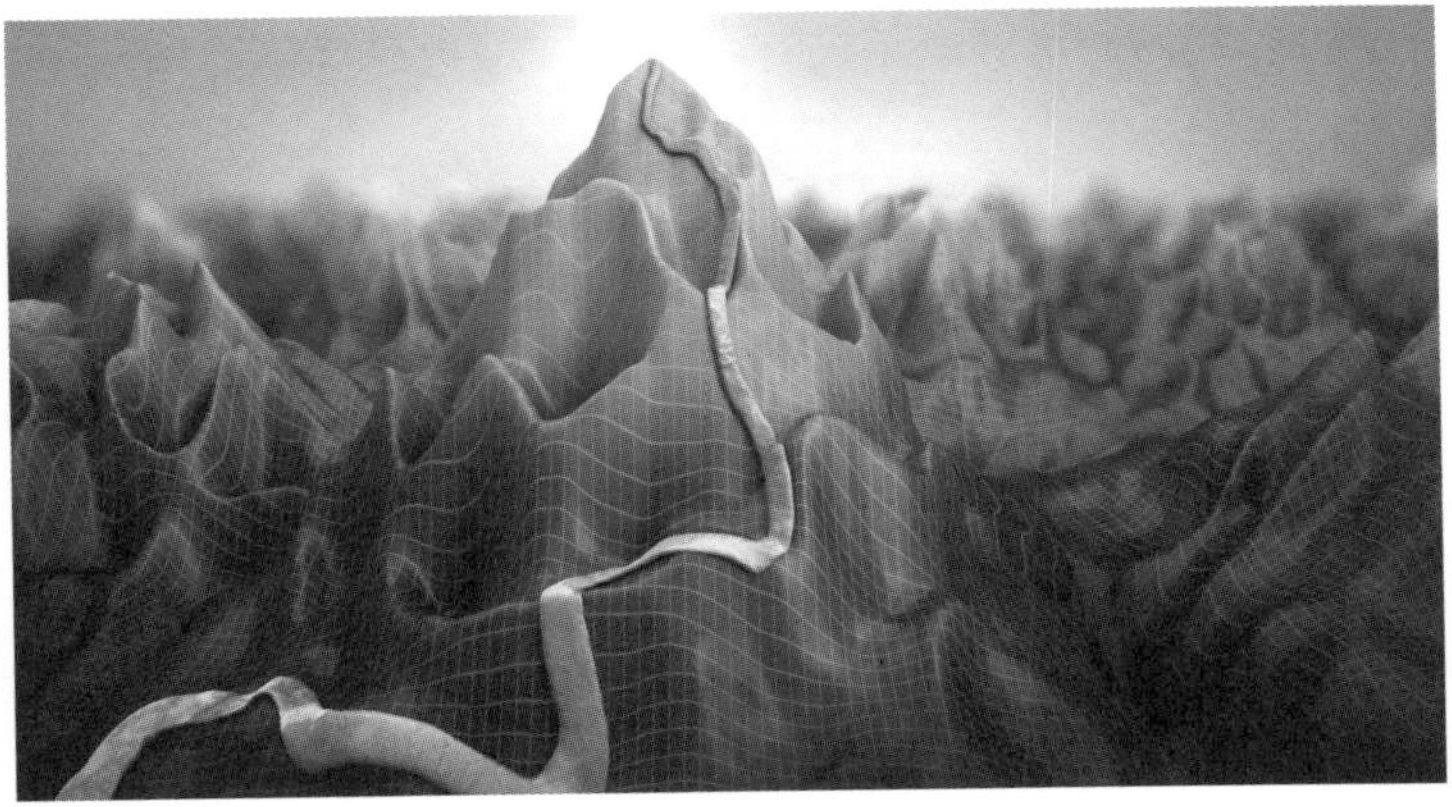

勾配上昇法：成功へのまがりくねった道　Designed by Bruno Gazzoni

あなたにとってアクセス可能な頂上や谷は、隣人にとってアクセス可能な頂上や谷とは違うのだ。そして、二人として同じランドスケープを共有することがないのなら、当然、成功への普遍的な道などあり得ないということになる。

専門知識を身につけるための、万人に適する、唯一最善の方法が存在するという考え方は、数学的に言って、まったくのデタラメなのである。

勾配上昇法は、また、目標と目的地の違いを明らかにするものだ。

新しい方向に進もうと選択した場合、あなたは自ら目標を設定したことになる。――山腹のいくらか高い地点、今あなたがいるところから見えている地点まで到達しよう、と。真っすぐに、山頂を目指すということではない。既にそこに近づいていない限り、頂上がどこにあるかも、またそこまでの最適なルートもわからないからだ。しかし、もし状況に合った意思決定を繰り返し、（より良い戦略や機会が現れる都度）コースを臨機応変に変えながら短期目標を目指して進み続けるなら、あなたは常にさらなる高みへと上昇するだろう。

対照的に、あなたが目的地を選ぶのは、自分のランドスケープを完全に無視し、こう宣言することだ。「何が何でも、X地点へ向かいます！」——X地点は、空中のどこかに垂れ下がっているだけの、アクセス不可能な、現実を無視した場所かもしれないのに。

成功の多様性と、小さなモチベーションとファジーな強みにある個性を信じるなら、勾配上昇法という数学によって、あなたは自分の目的地をまったく知らずにそこへ到達できるということが明らかになるだろう。そして目標達成への情熱と目的意識とを自ら生み出すことに焦点を置き続けるならば、あなたはいずれ自分の才能を極められることに確信が持てるようになるだろう。

ダークホース的「個人軸の成功」の処方箋

勾配上昇法のプロセスは、どのようにダークホース的な発想があなただけの成功へと導き得るか、明確に示している。しかし、個人軸の成功のもう片方の側面、すなわち充足感の追求についてはどうなのだろう？

オックスフォード英語大辞典は、「充足感」をこう定義している。「潜在能力を充分に伸ばした結果として得られる満足感や幸福」——悪くない定義である。だがもちろん、どのようにして得られるかには言及していない。

どのようにすれば、あなたの潜在能力を充分伸ばし、満足感と幸福感を得られるのだろう？

標準化の考え方は、何の役にも立たない。個性を邪魔ものと捉えるシステムが、個人の充足感をサポートするのに必要な条件をつくり出すことはないからだ。標準化されたシステムでは「目的の追求が、やがて充足感に繋がる」と請け合っているが、これも空約束《から》でしかない。だからこそ、標準化時代に充足感を感じることが、これほどまでに少なくなってしまったのだ。

対照的に、ダークホース的な発想が燦然と輝き出すのが、この「どのように」という問題を考えるときである。その発想は、個々人の潜在能力を余すところなく開花させる方法を明快に示している。

「自分にとって最も大切なことで上達せよ」と。

これが、ダークホースから出された個人軸の成功のための処方箋だ。ここに、彼らの発想の四要素が簡潔に集約されているし、勾配上昇法も単純明快にまとまった形で含まれている。すなわち、「上達せよ」とは、卓越の域という山頂まで登っていくことであり、独自の戦略を探り出し、目的地を無視することによって、目標を自ら創出し達成する過程を意味している。

「自分にとって最も大切なこと」とは、どの山に登るか選択することであり、自分の小さなモチベーションを探り出すことによって情熱を生み出し燃え立たせる過程と、自分に合う選択肢を見極めることによって目的意識をつくり出す過程を意味している。

この処方箋は、充足感と成功が密接に関係し合うことも示している。充足感を優先させることによってのみ、あなたは自分の成功という頂点へと上昇していけるし、また、成功の域まで上昇することによってのみ、あなたは充足感を実感できるのだ。

成功という山を踏破するには、自らつくり出した情熱から生まれるエネルギーと、自ら生み出した目的意識から生まれる方向性とが必要であり、湧き起こる充足感に満たされるには、自ら設定した目標を達成して得られる誇りと自尊心と充実感が必要である。

ダークホース的な発想の四要素を人生に適用したとき、充足感と成功は、あなたが意識的にコントロールできるものになる。もはや運に翻弄される操り人形ではなく、自分の運命を支配する主人になるのだ。自分にとって最も大切なことで上達しようと重点的に取り組むとき、もはや不安げに彷徨《さまよ》うこともなくなり、山腹に道を切り開きつつ上へ上へと登っていける。——本当の自分という明るい光を放つ標識灯に導かれて。

曲がりくねった道は、決して当てのない道ではない。ただ、真っすぐでないだけなのだ。

敏腕音楽プロデューサーが選んだ「次の新しい傾斜」

プリンスのライブ録音技師として、ロサンジェルスのザ・フォーラムに立ち戻ったスーザン・ロジャーズは、人生で最も神秘的な瞬間を味わったものの、そこで彼女の道が完結することはなかった。その後さらに三年間はプリンスと共に仕事をしたが、やがてまた新しい山に登るときがきたと実感し、スーザンは友好的にプリンスのもとを去り、再びロサンジェルスに引っ越した。——また新たに目的意識を生み出すために。

当初は、レコード制作会社に籍を置き、録音技師として働いた。バンドや制作会社の重役らの感性にそって新曲をレコーディングしミキシングする仕事だった。ここでも、関係者からの信頼に加えて、様々な面で評判が高まっていく。非の打ちどころのない技術的な手腕、気難しいロックスターともうまくつき合える能力、彼女自身の音楽的な感性をどのミュージシャンにも適応させる器量などなど。そうして、スーザンはついに音楽プロデューサーとして、影響力の大きな役割を担うことになる。

一九九〇年代を通じて、スーザンがプロデュースしたアルバムのアーティストは、バイオレント・ファムズ、デイヴィッド・バーン、ラステッド・ルート、ロベン・フォード、ゲギー・ター、そしてセレーナである。二〇〇〇年頃には、音楽業界における希少な存在、すなわち成功した音楽プロデューサーとして、その名を轟かせていた。

スーザンはとても満足していた。成功のランドスケープにある、もうひとつの頂上まで登りつめたのだ。そのうえ、彼女の小さなモチベーションは進化し続けた。三十代後半になって、スーザンはまたも大胆な行動に出るべきときがきたと気づく。

「人間の脳に興味をもち始めたの」とスーザンは言う。「音楽に興味をなくしたわけじゃなくて、ただ、大学へ行っていたらどうなっていただろうって考えるようになったのね。たぶん、科学を学んでいただろうなって思った。物がどういうふうに機能するか、突き止めることがいつも好きだったから。それと、特に人間の意識にとても関心があったの。生まれてからずっと心惹かれていた問題のひとつよ。人の脳には、特定の音楽スタイルをその人の共鳴周波数にする要因になるものが存在するかもしれないってこと」

スーザンは、大学へ行って認知科学を学ぼうと決心する。そして、将来は大学の研究者になりたいと考えた。このときまで、スーザンは成人してからの全生涯を、事実上、音楽業界だけで過ごしてきた。最も標準化されていない業界であり、学士号も資格証明書もGPAもまったく重視されない職種である。それなのに今頃になって、標準化という虎穴に自ら足を踏み入れようというのだ。――アメリカの高等教育に。

認知科学者になる機会を得るには、博士号を取得するしか道はないと結論づけたスーザンは、標準化されたプロセスに従い、まず大学に入学して学士号を取得することにした。

「ザ・フォーラムへ戻るのだ」という若き日の誓約に負けず劣らず、この中年女性になってからのスーザンの新たな誓いは、奇想天外に思える。とにかく、音楽業界での栄光のキャリアを投げ捨て、これから認知科学者になろうとするなど、普通では考えられないことだ。しかも、スーザンは高校すら卒業していなかったのだから、なおさら驚くべき決断である。

大学の講義に登録しようと試みた場合、どういうことになるか、スーザンにはまったく見当もついていなかった。なにしろ、サウンド・アーツ大学で受付係をしたほかは、学究的な環境とはまったく無縁だったのだ。

大学生活について彼女が知っていることは、ほとんど映画や友だちからの情報だけだったが、少なくとも、第一の関門は必要な学費の捻出だろうと考えた。ちゃんとした認知科学の学部がある大学に入学するには、きっと相当の学費が必要だろう、と。

スーザンは確信した。もしヒットアルバムをプロデュースできたら、その報酬を学費に充てられるだろう。もちろん、言うは易く行うは難し、である。どのプロデューサーも、ヒットアルバムをつくりたいと思いながら、ほとんどが成功できないでいた。しかしスーザンは、まさに次の機会でこれを成し遂げる。

彼女が手がけたベアネイキッド・レディースのアルバム『スタント』がミリオンセラーになり、そのなかの一曲『ワン・ウィーク』はビルボード・ヒットチャートの一位に輝いた。こうして見事に、学費を手に入れる。

カリフォルニアを出て、ミネソタの学校へ行こうとスーザンは決心した。「ミネソタは私が何かを成し遂げる黄金のチケットを受け取った場所」と彼女は語る。「私にとってのミネソタは、ドロシーにとってのオズのようなところだったの。自分が何者かというイメージに縛られない場所」

彼女は世間知らずにも、大学に入るのは商取引のように単純なことだと考えていた。入学したい大学を選び、学費を支払えば、講義を受けられるものだ、と。ともかくサウンド・アーツ大学ではそうだったから。「入学者の選考があるなんて、思ってもみなかったわ」

こういうわけで、ある夏の日、スーザンはミネソタ大学の事務局に入って行く。――小切手帳を携えて。そして「この秋から始まる学期の受講登録をお願いします」と告げた。当惑顔の受付嬢は、願書への記入が必要だと言う。「問題ないわ」とスーザンは応じ「一枚、お手元にある？」と尋ねる。受付嬢は、仕方なさそうに用紙を差し出した。スーザンは大急ぎで記入すると、すぐに手渡す。受付嬢はピタリと手を止め……ややあって説明した。入学を申し込むには、提出しなければならないものが他にも色々ある、と。たとえば、自己アピールの小論文。「問題ないわ」とスーザンは応じ「何か紙をいただけますか？」と尋ねる。受付嬢が首を横に振っているというのに、すかさずスーザンは大きめの付箋を見つけて言った。「問題ないわ。そこにある付箋を使わせていただきます」そして、大急ぎで「小論文」を数枚の付箋に書きつけ、願書の上に貼りつけて受付嬢に手渡した。

しばらく、しげしげとスーザンを眺めていた受付嬢はようやく「ここでお待ちください」と答えた。

受付嬢は事務所の奥へと向かう。――スーザンの入学願書を、まるで放射性廃棄物のように摘んで。二、三分後、彼女は大学学部の入学事務局長と共に戻ってきた。局長は、スーザンに目をやった。「ええと、スーザン、ご存知ないようですが、申し込みの締切はもう何カ月も前だったんですよ」

スーザンは、がっくりと肩を落とした。局長の目が付箋に戻り、スーザンの職歴をさっとなぞり始める。そこには、地元出身のヒーロー、プリンスのヒットアルバム制作に加わっていた経歴が書かれている。局長は指先でデスクをとんとんと叩くと、こう言った。

「だけど、まあその何ですね、スーザン……あなたは、素晴らしいチャレンジ精神をお持ちの方だ。おめでとう、入学を許可します。ようこそ、ミネソタ大学へ！」

このとき、スーザンは四十一歳。脳科学を学ぶことに極めて意欲的でありながら、同時に不安でもあった。この年齢では、新しく専門的な事柄を学び取るのは容易なことではないだろう、と。ところが、講義が始まるとすぐに、知識を貪るように取り込む自分に気づいた。エネルギーが、尽きることなく湧き出てくる。

また、男性支配の音楽業界で仕事の道を自力で切り開いてきたにもかかわらず、十代の若者に混ざって中年の自分が大学一年の講義を受けることに心穏やかではなかったが、周りの学生たちに快く受け入れられ、学習グループに入るよう熱心に誘ってもらえた。

「ミネソタ大学で過ごした四年間は、人生で一番、とことん自分のやりたいことに浸りきった日々だった」とスーザンは言う。「他には目もくれず、学び研究することだけに打ち込んだの。この四年間に何が懸かっているか自分でよくわかっていたから、なぜ入学しようと決めたのかも、何がしたいかも、はっきりとわかっていたから、それはもう本当に信じられないくらい素敵な時間だった」

卒業後、スーザンはカナダのモントリオールにあるマギル大学の、音楽認知の博士課程に入学を許可され、この分野の最も著名な権威のひとりである、ダニエル・レヴィティン博士のもとで研究を続けた。そして博士号を取得すると、すぐにボストンのバークリー音楽大学の教授職に就き、現在もこの大学で教鞭をとっている。

とても性に合った仕事だ、と彼女は言う。できることなら自分の研究にもっと時間をかけたいのは山々だが、今や尊敬される科学者であり、好きな課程を教えることができ、学生たちに愛情を感じ、そして、自分の望むライフスタイルを維持できている。

思えば、夫から虐待を受ける高校中退者だった頃から、長い道のりを歩いてきたものだ。

「今は、とっても幸福よ」とスーザンは言う。

「でも、あえて言うなら、私はある程度の犠牲を払わなければここまでこられなかったってことね。かなりの苦痛を味わったわ。皆が皆、そんな辛い思いをしなくてもいいはずよね。でもとにかく、今は自分の選択に満足してるの。何よりも、それが私自身の選択だったから。今願っているのは、若い人たちが将来、同じような犠牲を払わずに、自由に自分の望む道を選択できたらいいなあってこと。私たち大人は、後からやってくる人たちのために、もっと歩きやすい道にしてあげないといけないんじゃないかしら」

Interlude

ちょっと休憩　ここまでのまとめ

「個人の才能を伸ばすには……」二つの対立する理論

マネージャーは、……労働者を科学的に選別し、訓練し、教育し、有能な人材に育て上げる。過去においては、労働者が仕事を選び、訓練は各個人に任されていた。

——フレデリック・テイラー（『科学的管理法——マネジメントの原点』ダイヤモンド社）

自分に適したことを見つけ、その仕事をおこなう機会を確保すること。これが、幸せへの鍵である。

——ジョン・デューイ（『民主主義と教育』岩波書店）

Introductionで述べた通り、本書は何よりもまず、ダークホース的な考え方をするための手引書である。そして今、その手引書は完成された。

あなたはもう、標準化されたシステムがどれほど自分自身を見る目に影響を与えているかわかっている。また、自分の人生において何が可能かについても、異なる考え方があることを知った。

しかし、標準化の考え方とダークホース的な考え方は、単にあなた自身をどう見るかという点でのみ対照的なのではない。この二つは、他者をどう見るかについても対照的な考え方なのである。したがって、この二つの異なる考え方には、あらゆる人間がどのように個々の潜在能力を開花させるかという問題についても、正反対の処方箋が含まれているのだ。この二つの考え方の根底には、われわれ人間が互いにどういう義務を負っているかについて真逆の視点がある。

実際にどれほど対立した考え方であるか理解するために、表にまとめてみよう。

標準化の考え方	ダークホース的な考え方
自分の小さなモチベーションを無視せよ	自分の小さなモチベーションを探り出せ
自分に合う選択肢を無視せよ	自分に合う選択肢を探り出せ

自分に合う戦略を無視せよ

目的地を見定めよ

成功の追求が充足感に繋がる

目的地を知り、懸命に努力し、
コースから外れるな

他の人と同じことをして、
ただ他の人より優秀でいなさい

組織中心

真っすぐな道

成功の標準化

自分に合う戦略を見つけよ

目的地を忘れろ

充足感の追求が成功に繋がる

個性を生かして充足感を追求し、
それによって成功を目指せ

最高の自分になりなさい

個人中心

曲がりくねった道

成功の多様化

普遍的な動機
自分の情熱に従え
二択か三択
確率
コースから逸れるな
目的地
標準化された時間
階段を登る
個性は邪魔だ

小さなモチベーション
自分の情熱を生み出し煽り立てろ
選択
フィット
試行錯誤せよ
目標
相対的な時間
勾配上昇する
個性は重要だ

このように並べてみると、二つの考え方にある隔たりが誇張ではないことがはっきりする。成功へのそれぞれの処方箋は、根本的に相いれないものである。両者が歩み寄り、お互いを足して二で割ることはできないのだ。共通する土台も、中間の道も存在しない。

個人の能力を伸ばすことに関するこの二つの相反する想定が、社会にそれぞれ異なる義務を提起している。

つまり、社会がどのように機会提供のシステムを運営すべきか、両者はまったく異なる要求を出しているのだ。

この二つの考え方の対立は、とりもなおさず、人間の心の奥にある潜在能力を追求する闘いである。

あなたも、どちらかひとつの立場を選ばなければならない。

6 Chapter

tricking the Eye,
cheating the Soul

誰でも、何歳からでも「才能」は開花する！

――「何かを達成できる機会」は無限にある！

かつて、誰かが、高名な哲学者ヴィトゲンシュタインに、
こう言った。
「コペルニクスの時代より前に生きていた中世の
ヨーロッパ人は、よほどの馬鹿だったに違いありません。
自分の目で空を見て、それでも太陽が地球の周りを回って
いるなどと思ったのですから」
……ヴィトゲンシュタインは、こう返事したそうだ。
「そうだね。ところで、もし太陽が地球の周りを回っていたら、
どういう具合に見えたのだろう」

――ジェームズ・バーク（科学史家）

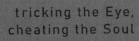

6
Chapter
tricking the Eye, cheating the Soul

誰もが主役になれる時代。「才能を伸ばすため」に知っておきたいこと

「私には特別なものはない」と誤解しているあなたへ

一六三二年、ガリレオは『Dialogue Concerning the Two Chief World Systems』（訳注：『二大世界体系についての対話』という意味。イタリア語版の原題は正確には『プトレマイオスとコペルニクスの二大世界体系についての対話』、日本語版は『天文対話』岩波書店）を出版した。宇宙についてのわれわれの理解を転換させた天文学書である。

このなかで、ガリレオは天動説と地動説の決着のつかない論争に加わる。この書により、人類はある重大なことに目覚めた。それは、宇宙と地球についての二つの対立する理論は、〝ある基本的な現象〟に対する考え方の違いから生じるものだと。

その現象とは、「引力」である。

太陽が地球を周回していると信じた人々にとっては、地球が引力をもつ唯一の天体だった。

それが、地球がすべての中心にあると主張する理由だったのだ。天空に浮かぶ他のすべての物体は、それぞれの引力ではなく、地球の引力によって引き寄せられている、と。

地球が太陽を周回していると信じた人々は、正反対の見解をもった。すべての天体はそれぞれの引力をもっていて、そのなかには太陽も惑星も彗星も、月さえも含まれていると主張するようになったのだ。

ガリレオの著書がきっかけとなって、激しい論争の時代が始まる。なかには、二説を両立させる考え方もあり得るのではないかと期待する穏健派の学者も多く現れ、「変換公式」なるものを追求すれば、それによって地球中心説の数学を太陽中心説の数学に変換できるという学者もいた。ともかく、引力が対立の決め手となり、これによって、二大世界体系の歩み寄りは不可能だということが明らかになった。

古い考え方は**「たったひとつの特別な天体が、引力をもっている」**と主張し、新しい考え方は**「すべての天体が、引力をもっている」**と主張する。

双方の主張が共に真実であるはずがなかった。

「人の才能を伸ばすこと」に関する論争でも、妥協の可能性はない。標準化の考え方とダークホース的な考え方にある厳然たる違いは、突き詰めれば、人がもつ能力・才能に対する双方の異なる見方に根差している。古い考え方は**「特別な人間だけが、才能をもっている」**と主張し、新しい考え方は**「すべての人間が、才能をもっている」**と主張する。双方の主張が共に真実であるはずがない。

あなたは、どちらか一方の立場を選ばなければならない。

引力に対する二つの対立する理論が、宇宙の物理現象に対する根本的な解釈を二分させたように、人間の潜在能力に対する二つの対立する理論も、われわれの社会における個人と組織の相対的な役割に対する解釈を二分させるものだ。

標準化の考え方によると、ごく少数の人間だけが特別な才能を能力をもっているから（そのために、ごく少数の人間のみに充足感を得る能力があり）、組織がそのような才能をもった個人を特定し、その個人に褒美を授ける権力を独占してもよいということになる。

ダークホース的な考え方によると、**誰もが特別な才能をもち、充足感を得ることができ、組織は個人がそれぞれの潜在能力を余すところなく伸ばすことができるよう手助けすべき**だということになる。

古い考え方から新しい考え方への飛躍を妨げる唯一最大の障害は、四百年前も今もまったく変わらず、「一見して明らかに見える事柄から脱皮できない」ことである。確かに、一見すると地球だけが引力をもっているように見えていた。——ちょうど、一見すると特別な人だけが才能をもっているように見えるのと同様に。

しかし、ガリレオが自分の望遠鏡で示したように、これは単なる目の錯覚である。

われわれの社会を支配する「才能の定員制」

「才能は稀なものだ」という考えに、われわれはめったに疑問を感じない。才能は珍しく特別なものだというのは、誰から見てもいたって明らかなことに思える。なぜかといえば、ごく少数の人しか階段の一番上まで上っていけないからだ。陸上競技の国際大会だろうと数学オリンピックの大会だろうと、国の代表チームの一員として参加するのは、ほんの一握りの人々だ。学術的な奨学金だろうとスポーツ奨学金だろうと、ほんの一握りの人しか給付を勝ち取れない。同じく、ほんの一握りの人しか、ボストン交響楽団で演奏できないし、ニューヨークタイムズのベストセラー本は書けないし、ＮＡＳＡの宇宙飛行士になれない。

しかし他のどこよりも、才能が稀であることがもっともらしく見えるのは、高等教育の場においてである。つまり、ごく少数の学生しか入学できないエリート大学だ。プリンストンは、毎年、約千三百人の学生を受け入れる。イェールも同数。ＭＩＴとコロンビアは、約千四百人。ハーバードとブラウンは、約千六百人。スタンフォードは、二千人を少し超える程度。人口三億三千万人の国にしては、極めて小さい数字である。

われわれは無意識に、おそらく有名な教育機関に入学する学生数の少なさは、国民全体のなかの才能ある人々の数になんらかの形で対応しているのだろう、と推測する。しかし、実際のところは、こういうことだ。

このような有名大学のどれひとつを取っても、入学志願者を査定することなく、先に定員数を決めている。たった一通の願書すら見ずに、どの有名な学術機関も特定の数字を念頭に置いて入学選考のプロセスを開始する。

この数字は、志願者たちのクオリティに基づいて増えることも減ることもない。さらに突き詰めて言えば、こうした大学は入学する資格をもった志願者をすべて受け入れることはなく、ただ、あらかじめ決めた数の学生だけを受け入れるのだ。

別の言い方をすれば、大学（われわれに機会を提供する最高機関）は**「才能の定員制」を強要している**ということだ。

学校は、もともと合理的な理由から定員制を採用していた。当然、物理的に収容できる生徒数には限りがある。教室に設置できる座席、寮に設置できるベッド、キャンパスの広さに見合うだけの学部教員と学生と職員。こういうわけで、二十世紀初頭に大学への入学志願者が急激に増えるにつれて、私立大学も公立大学も共に、受け入れ可能な学生の数を「定員」と決めたのだ（ただし、今日では、学校は別の理由でも入学に制限を設けている。そのなかで最も目につきやすいのは、高級ブランドイメージを維持するためというものである）。

しかしこれは、大学が何人の才能のある人がいるかを知る前に、才能を開花できる可能性のある人の数に上限を置くことを意味する。つまり、**何人の志願者が才能を持っているかは重要ではないのだ。大学は自ら決めた定員に縛られているのだから。**

陸上競技の代表チーム、数学オリンピックのチーム、スポーツ奨学金、学術的な奨学金、ボストン交響楽団、ニューヨークタイムズのベストセラー、ＮＡＳＡにも、それぞれ独自の定員がある。ボストン交響楽団は、予想外に多数の才能あるバイオリニストがいるからといって、バイオリン奏者の列を追加することはない。ニューヨークタイムズ紙は、たくさんの本が特に売れ行き好調だとしても、ベストセラーのリストを三倍の長さにすることはない。ＮＡＳＡは、採用資格のある志願者が大幅に多く集まったからといって、余分に三十名の宇宙飛行士を訓練することはない。

ごく少数の人しか成功する潜在能力を持っていないのは、人間の不変的な本質であるかのように見える。なぜなら、ごく少数の人が才能を開花させるところしか目にしないからだ。確かに、特別な人だけが才能を持っているように見える。しかし、それは錯覚に過ぎない。

標準化されたシステムのもとでは、経験則として才能が稀だというわけではない。**才能は、組織の規定によって、稀**なのである。

本当に「大学入試は公平で公正なもの」なのか

もちろん定員を決めれば、誰を受け入れ、誰を受け入れないか、選別する方法が必要になる。

一人ひとりの人間が同じなら、定員を埋めるのは簡単だ。千名の大学院生が必要なら、千名の志願者をランダムに選ぶだけでいい。それこそ、正真正銘の才能開発システムといえるだろう。能力・才能を伸ばしたい人なら誰であれ、その開花まで導かれるのだから。

しかし、標準化に最も傾倒している人でさえ、一人ひとりの人間に違いがあることを認めている。まったく同じ志願者は二人として存在しない、と。こういうわけで、標準化されたすべての才能開発システムには、選別するうえでの基準が必要になる。その基準を使って、誰が貴重な定員に値するか見定めるというわけだ。一般的に使われている選別基準は、既に才能を示している志願者とそうでない志願者を見分ける基準である。なるほど、これは合理的である。

しかし同時に、これでは才能を開発しているのではなく、才能を選別しているということになる。

アメリカの教育システムは、（最終生産物ではなく）原材料を評価の対象とする唯一の製造システムとなっている。USニューズ&ワールド・レポート誌がアメリカの大学をランクづけする際、いくつかの「指標」に基づいて大学の順位が決められるが、まず、入学を許可された学生の成績とSATのスコアが二つの主要な指標だ。これに加えて、大学が受け入れた学生数に対する志願者数の比率（競争率）も重要な指標となっている。

なかでも、最も重視されている指標は何だろうか？　各大学の管理者の意見である。こうした大学に実際に通学している学生たちの意見は、どれくらい重視されているのだろう？　答えは、ゼロだ。

さらには、ほとんどの家族にとって気になる事柄のすべてが、重要度ゼロになっている。卒業生の初任給も、就職活動の期間も、卒業生の就職満足度もすべて、USニューズ&ワールド・レポート誌によると、「指標」として役に立たないのだ。ひとつだけ、学生の体験に関わりのある指標があるが、それは大学側が発表した卒業生からの寄付金額である。

こういうシステムでは、すべての才能ある個人に（成功するための）同じ機会が与えられはしないと理解しつつも、それでもなお、その機会を受ける人にはそれにふさわしい資質があるのだろうと考えるものだ。少なくとも、システムはそれを見越して個人を選ぶのだろう、と。

このような定員制を土台にしたシステムにわれわれが抵抗しないのは、各機関が（たとえ、色々と制度的に不十分な点はありつつも）**実力重視という客観的な基準に従って機会を与えているのだと、心のどこかで信じているからだ。**

「この境界線を越えた者は全員合格！」が簡単でない理由

才能を評価する基準には、絶対に欠かすことのできないものがある。**あらかじめ決められ、固定化された〝境界線〟**だ。この線を超えれば才能があると見なされ、超えなければ才能がないという。これが、基準というものの辞書的な定義である。この固定した尺度によって、実力が判定される。これ以上に単純明快なものはない。

この一貫性がまさに、基準を客観的で正当なものにしている。マスターソムリエ認定試験が、その完璧な例である。マスターソムリエとして認められるためには、一定の線より上の得点を挙げなければならない。

当然のことながら、基準は、評価される個人によっても、他の受験者がどういう様子かによっても、変わることはない。MS試験で、横にいる若い女性が満点を取っても、あなたがマスターソムリエになるために取るべきスコアは微動だにしない。また、試験官の気まぐれによって合否のボーダーラインが上下することもない。

志願者を一貫した公正な基準に照らして評価することによって、われわれに機会を与える各機関は、一般市民からの信頼を獲得している。才能が稀であるという考え方を受け入れる最大の理由のひとつは、各機関が、**厳しいながらも入念な基準をもって、その定員を満たすにふさわしい人を判断し選ぶものと想定していることにある。**つまり、われわれが「競争率の高さ」を「基準の高さ」と同じものだと考えているからに他ならないのだ。

しかし、どの基準にも極めて重大な制約がひとつあり、この制約が、機会を提供する機関に深刻な結果をもたらす。つまり、才能を評価するために固定した境界線を設定すると、どのような場合でも必ず、**何人の志願者がその線を超えるか、前もって知ることはできない**という問題である。

仮に、MS試験でたったひとりが合格点を超えたなら、マスターソムリエになるのは一名ということになる。ＭＳ試験で百人が合格点を超えたなら、マスターソムリエになるのは百名ということになる。

このように予測不可能であることが、なぜ重大なのか。われわれに機会を与える機関にとって、避けようのない難題が突きつけられるからだ。この解決不能の難問のために、結局、どの標準化された才能開発システムも、公平さと公正さに欠けたものになる。

ある機関が基準を設定すれば、あらかじめ決められて固定化した基準値を超える志願者を全員受け入れなければならない。この数字を前もって知ることは不可能だ。

しかし定員を設定すれば、その機関は、あらかじめ決められて固定化した数の志願者を受け入れればよい。才能ある受験者が何人申し込もうと関係ない。

美味しいケーキなら、それをもっていたくもあり食べたくもある、という論理がある。つまり、基準をもっているように見せることによって一般市民から信頼されたくもあり、定員制を使うことによって効率性（と、他と差をつけるブランドイメージ）を保持したくもあるのだ。どちらか一方を選ばずに、最終的に、各機関はそれぞれの抱える矛盾を解決した。かつてプトレマイオスという名の天文学者が、解決不能の矛盾を解決したときと同じやり方で。

矛盾をごまかしたのだ。

社会の矛盾をごまかす「才能エカント」という概念

千年以上もの間、地球が宇宙の中心であると信じていた学者や天文学者たちは、惑星や彗星や日食や月食の様子を正確に予測することができた。宇宙の仕組みを完全に誤解していた彼らが、一体どのようにしてそのような偉業を成し得たのだろう？　恐ろしいまでに絡まり合った数々の方程式を使ったのである。この数学体系は、二世紀に古代ギリシアの天文学者・数学者プトレマイオスによって発表された学術書に収められている。書名は『アルマゲスト』。『アルマゲスト』に書かれた方程式は、さらに数百年前の古代ギリシアの天文学者ヒッパルコスによって体系化された天動説に基づいていたが、プトレマイオスは、ヒッパルコスのもともとの方程式が不完全であると気づいた。説明のつかない矛盾がひとつ残っている、と。

古代の天文学者のほとんどが、惑星は地球の周りを同じ速度で回っているに違いないと信じていた。しかし、天空にある惑星の位置がヒッパルコスの方程式で正確に予測されていながら、この同じ計算によって、惑星の動きが速くなったり遅くなったり、さらには後退することさえあるという結果が出た。ヒッパルコスの数学によると、惑星が地球を周回しているならば、その惑星は常に速度を変えて動いているということになるが、もし惑星が一定の速度で動いているならば、その惑星は地球を周回してはいないということになった。

この矛盾を解く方法のひとつは、地球中心の考え方をまるごと否定し、のちにガリレオやニュートンがしたように、太陽中心の考え方に切り替えることだった。しかしプトレマイオスは、そうはせずに騙《だま》すことにした。誤差を導入して数字をごまかすことにしたのだ。これは、その場しのぎの解決法であり、地球を中心とする軌道および同一速度という誰もが望む形で数学を落ち着かせた方法である。プトレマイオスが持ち出した誤差は、**「エカント（equant）」**として知られている。

エカントは天空における位置であり、その位置から計算し始めることによって、計算者の思い通りの軌道の動きが計算結果として得られるというものだ。こういうわけで、エカントは数学者たちからは礼儀正しく「自己規定の方式」と呼ばれ、どのような数値からだろうと、望む通りの答えが得られるようにできている。

千四百年以上も、誰ひとりエカントの有効性に疑問をもつ者はいなかった。結局のところ、これを使えば地球がすべての中心であり続け、すべてが自分の思う通りの動き方をしていたのである。もちろんエカントを使って予測すると、不都合なエラーも発生した。しかも、エラーは数世紀にわたって確実に悪化したが、その結果はなんとか満足のいく範囲に留まっていたし、なおかつ、他に実用的な方法もなかったので、『アルマゲスト』は天文学における「唯一最善の方法」として、中世の時代が終わるまで持ちこたえた。

標準化時代を通じて、われわれの才能開発システムは、その望む通りの結果が得られる、その場しのぎの解決法を独自に取り入れてきた。教育機関は、一見すると単純明快に見える策略を使って、客観的な基準を採用していると一般市民に幻想を抱かせつつ、定員を保持している。私たちは、このように直感的に満足させる誤差を**「才能エカント」**と呼ぶ。

透明性と公正さを確保できるのは「昔ながらのあの方法」

ジョンズ・ホプキンス大学（訳注：米国メリーランド州ボルティモア市にある、特に医学の分野で名高い私立大学。二〇一〇年には世界の大学ランクで十三位になっている）に入学する基準はどういうものだろうか？　MITに入学する基準は？　USニューズ＆ワールド・レポート誌のランキングにある上位百校に入学する基準は？

いずれの場合も、**「その都度変わる」**というのが共通の答えだ。

入学しようとする他の志願者によって変わり、大学ごとの差し迫った必要性によって変わり、さらに、教育機関ごとの審査官の主観的な意見によって変わる。ただし、公正に評価された志願者の実力によっては変わらない。つまり、客観的な基準によって左右されることはないのだ。

定員を重視する高等教育機関はすべて、入学志願者に特定の評価基準に見合う学力を提示することを義務づけている。アメリカでは、こうした評価基準に常に成績とテストのスコアを含めている。各機関が志願者にはっきりと忠告するのは、入学許可を得るには優秀な成績とテストのスコアを取得しなければならないということだ。これは、一見すると才能を客観的に評価するための指標のように見える。では、なぜこのような指標が実際の入学選考の基準になっていないのだろう？　各機関が定義する「優秀」が自己規定によるものだからだ。

志願者が超えなければならないテストスコアの最低ラインも、取るべき成績の平均ボーダーラインもなく、固定した基準というものはまったく存在しないのだ。定員制を実施する教育プログラムに入学するために志願者が超えなければならない線は、その場の判断で上げられたり下げられたりしている。――各機関に、それぞれの定員を厳密に満たすのに必要な柔軟性をもたせるために。

ある機関は、フロリダ出身の志願者一名について、ＧＰＡの得点が充分であるとして入学を許可する一方で、テキサス出身の志願者一名については、同じ成績平均点を取っていても入学を許可しない。その機関は、ある志願者が機知に富む小論文を書き、ＳＡＴテストでも充分なスコアを取っているとして入学を許可する一方で、別の志願者が同一のテストで同じスコアを取っていても、パッとしない小論文を書いていたら入学を許可しないかもしれない。あるバイオリン奏者が夏の間グアテマラで住宅建設のボランティア経験をしていたら、入学の許可を与える価値がありそうだと判断されるかもしれないが、トロンボーン奏者が夏の間ウガンダで英語を教えるボランティア活動をしていたとしても、入学の許可はおりないかもしれない。このように無限に続く変幻自在の評価基準が、「才能エカント」である。

実力を客観的に判断する基準がない場合、才能の評価は、見る人によって決まるということになる。各機関がどういう指標によって才能を判定するか、また、いくつの指標を使うかは関係ないということだ。大学が志願者のGPA得点のみを判断基準にしようと、「総合的な入学選考プロセス」の一部として百項目の尺度を採用しようと、個々の志願者が同一のあらかじめ決められ固定化された基準に照らして査定されない限り、志願者の評価は、その大学の求める結果を出すための主観的であやふやな数値のままである。

総合的な入学選考は、非総合的な選考よりも格段に良い方式である場合が多いが、それでも、根本的な矛盾を解決するものではない。この選考方式でもまだ、ほとんどの才能ある学生たちが選考枠から外されるのは、各審査官がさらに自由に個人的な実力の見立て方に従って志願者を選別できる権限をもつために、ますます多くの誤差がエカントに入れ込まれるからだ。

もし各機関が本当に客観的に志願者を評価し、なおかつ定員を保持したいなら、合理的・実際的で、議論の余地なく、エカントよりも公平な解決策がひとつある。それは、くじ引きである。

その機関が前もって選考基準を発表し、その後で定員を満たすために必要な数の志願者を（基準に合う志願者グループから）ランダムに抽出すればいいのだ。明らかに、くじ引きは定員そのものを撤廃するほど公平ではないだろうが、透明性と公正さにおいてははるかに良い方式になるだろう。

そして、競争率の高い学術機関に入学できる人だけが特別で才能があるという、完全に不当な概念を撲滅することにもなるだろう。実際、各有名大学はその入学基準を満たした志願者のリストを公表するというのも可能だ。そうすれば、基準は満たしたが当たりくじは引けなかった志願者たちは、就職希望先やあるいは他の教育機関に対して、**議論の余地なく「ハーバードに入学できるほど優秀」であることを示せるようになる。**

現代の才能の評価システムは〝美女コンテスト〟のようなもの

才能エカントに頼るのは、単に学術的な問題だけではない。エカントは、定員を設定して機会を提供する機関すべてにうまく入り込んでいる。表面上、能力主義に見える分野でさえ、エカントは幅を利かせているのだ。

そのひとつが、スポーツの分野である。高校にあるほとんどのスポーツ・プログラムが定員制を導入している。チームに入ったりトレーニング・プログラムに参加したりする生徒もいれば、どこにも入れない生徒もいるということだ。しかし、才能に定員制を持ち込むと、その理由が何であれ、個人の潜在能力に対する評価は見る人によって決まることになる。

標準化されたシステムにとって、才能エカントが何を意味するか考えてみよう。われわれの才能開発システムは、才能開花へと続く階段を上るために「自分の目的地を見定め、懸命に努力し、コースから外れるな」と個人に命じ、さらに、ひとつ上の段に上る価値があるかどうかが見極められる、不透明で気まぐれな評価プロセスに服従することも要求する。いかにも公平で実力本位であるように見えながら、実は、どの標準化された機関も、個々人に美女コンテストの出場者と同じ役回りをさせている。――「私を選んで！　私を選んで！」と懇願する出場者と同じ役回りを。

権限はすべて、審査員の手にある。誰が勝者になるかは、個人的な好みで出場者の実力を評価する審査員次第なのだ。

ダークホースたちが〝才能の地動説〟を証明する

地球が全宇宙の中心という間違った仮説が長く維持されたのは、社会全体がそう信じたからだ。一般の民衆も窓から空を眺めては、自分の目で太陽が地球の周りを回るのを見ていた。それと同時に、立派な学術者集団は、民衆の確信を裏づける特別な公式があると発表した。

もちろん、今では誰もが知っている通り、やがて地球中心説は終末を迎えることになる。ついに万事休すというときがきたのだ。エカントは、その正体が明かされ、批判の的になる。

しかし、コペルニクスがおこなったように、エカントについて真実を暴露しただけでは、その理論を一掃するには不十分だった。社会全体が天動説から地動説へ大きく転換するには、必要な事柄が二つあったのだ。ひとつは、天動説が間違っていることを証明する具体的な証拠である。地球の他にも引力を有する天体が宇宙にあると証明しなければならなかったということだ。もうひとつは、**実際にエカントに代わるもの**である。どの天体にも引力があるというのが本当なら、宇宙の動きを実際に予測する論理的な新形式がなくてはならないと考えられたのだ。

地球が引力を有する唯一の天体ではないことを証明する最初の動かぬ証拠は、ガリレオによってもたらされる。望遠鏡を覗き込んで木星を観察していたとき、ガリレオ自身も驚いたことに、木星の周りを四つの衛星が回っていることを発見した。その衛星を見た瞬間、地球は特別だという考えは妄想に過ぎないことが明らかになった。他の惑星にも引力があることが証明されたのだ。自分の目で（頭が痛いとは言わずに）木星の衛星を見始めた人々は、地球中心という根源的な理念が完全に間違っていたことをついに知ったのである。

「才能は特別なものだ」という考え方が間違いであると見抜くには、われわれもただ自分の望遠鏡を社会という宇宙に向けて、才能をもっているのは本当に一握りの人間——出世の階段の一番上まで登りつめる人——だけなのかどうか観察してみるだけでいい。つまり、われわれに必要なものは、標準化された組織のなかに、見た目よりもっと多くの様々な才能があることを裏づける確かな証拠だ。

幸い、その証拠はわれわれの周りに既に揃っている。

ダークホースたちだ。

ダークホース・プロジェクトの期間中ずっと、私たちの目を向ける先々に必ず新しい衛星が輝いていた。慣習的な鋳型にとらわれずに、高度な技能を身につけた達人たちが次々に現れたのだ。

しかし、標準化の考え方が間違っていることを示すのは、どちらかといえば簡単なほうだ。既存のシステムに否定されながら、数多くの男女が才能を開花させたことを指摘しても、あまり驚くべき新事実として受け止められはしない。

もっと公平に機会が提供されるようにシステムを改善したいと望むなら、われわれにとって本当に必要なのは、誰もが才能をもっていること――そして、この概念を中心にした新システムをどのように設計するか――を論理的に定式化することだ。

「誰もが才能をもっている」ということを公式化すると……

最終的にプトレマイオスのエカントに取って代わった科学的な新理論、アイザック・ニュートンの「万有引力の法則」は、『アルマゲスト』よりはるかに簡潔で理路整然としたものであり、また、太陽を公転する地球の運動や、木星の衛星の運動を統一して説明するものだった。すなわち、あらゆる物体に質量があり、二つの物体の間には、物体間の距離の二乗に反比例する引力が作用するという法則である。ニュートンの定式化が、アインシュタインの相対性理論へ、そして、宇宙は膨張し続ける巨大で有限な運動体であるという現代の概念へと道を開いた。

「誰もが才能をもっている」と説いたのは、本書が初めてではない。この確信は、ヨーロッパで啓蒙運動が盛んになり、個性が重視され始めた時代までは主流の思想にはならなかったものの、元を辿れば何人かの古代の哲学者まで遡ることができる。しかし、提起のあり方に一貫して欠けているものがあった。それが、人間の潜在能力にとっての「万有引力の法則」である。つまり、特別な人だけではなく、万人に才能があることを説明する、論理的な定式化だ。幸いなことに、この定式化を個性学がその学問の基本概念のひとつとして試みている。

バラツキのある「多面的なプロファイル（the jagged profile）」だ。

ＩＱテストの不都合な真実

「あなたは頭がいいか？」

これは、われわれに機会を提供する機関の〝門番〟から頻繁に出される質問だ。答えを知るために、彼らは標準化された多様な指標を取り入れている。そのなかで最もよく使われているのがＩＱスコアである。

ＩＱスコアは、人の知能を一次元的に計測し、知能の高低が数値の高低に表われるというものだ。つまり、人の知的能力のすべてが、たったひとつの数字に示されるということである。

ＩＱテストを考案し使っている人々によると、スコアが百点の人は平均的、百三十点の人は天才的な知能の持ち主であると見なされ、七十点の人は、テスト作成者から「低能」と呼ばれ、その後いくらか婉曲的に「軽度の知恵遅れ」と言われるようになり、現在は「知的障害者」と表現されている。

このような分類を手がかりにして、ＩＱテストを実施する側の姿勢と意図をかなり正確に推察することができる。

ＩＱスコアは、知性を評価するための完璧な尺度であるかのように見える。だからこそ、多くの教育プログラムへの参加基準として使われているのだ。二人の学生のどちらが賢いかは、単純比較によって決まる。「どちらのＩＱスコアが高いか？」という比較である。


知能のいくつかの側面がそれぞれのＩＱテストによって評価され、その結果がサブスコアとなり、その平均がＩＱスコアになる。たとえば「ＷＰＰＳＩ－Ⅳ知能検査」は、最も幅広く使われている幼い子ども向けのＩＱテストだ。このテストは、十種類の側面（記号を探したり、積み木で物をつくったり、語彙を理解する能力など）の知能を計測し、それぞれの側面にサブスコアを割り当てる。

標準化の考え方にとっては、こうしたサブスコアは不要なデータなのだが。とにかく、個性は邪魔ものだと見なしているので、知能検査の込み入った詳細な結果よりも、全データをひとつの数字にまとめて、その数字で生徒を「一番頭がいい」から「一番頭が悪い」までランクづけするほうがはるかに便利だということだろう。


しかしダークホース的な考え方では、個性は重要であり、それは**詳細が重要だ**という意味で

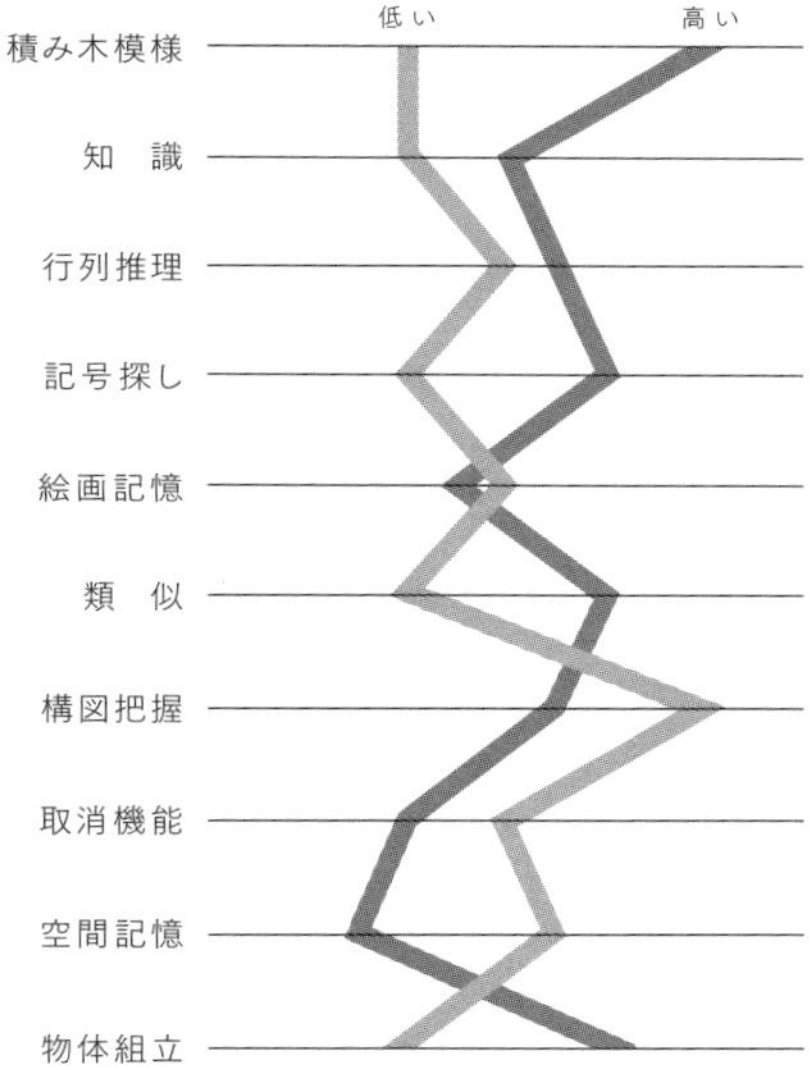

二人の少年のバラツキのある知能のプロファイル

もある。したがって、個人の知能を検査するために、一次元的な能力スコアを排除し、かわりに**多次元的な能力パターン**を用いる。

　パターンの威力を理解するために、上のグラフを見てほしい。マサチューセッツ在住の二人の少年が、実際にWPPSI－Ⅳ知能検査を受けた際のサブスコアを示したものだ。頭がいいのは、どちらの少年だろうか？

　単に二人のサブスコアのパターン（ジグザグ）を比べるだけで、どちらのほうが賢いか判別するのは容易ではない。このようなジグザグの線を解釈するのは困難なので、ついつい単純なひとつの数字に逃げ込みたくなってしまうのだ。

しかし、ダークホース的な発想では、この多次元的なパターンこそ、それぞれの少年の知的能力を正確に表すものと見なしている。

このジグザグのパターンが、バラツキのある「多面的なプロファイル」と呼ばれるものだ。

多面的なプロファイルは、個性学のなかでひとつの定義をもつ専門用語である。その定義は、**「どのような人間にもある多面的な特性」**であり、**「それぞれの側面に相関性はほとんど認められない」**としている。

相関性がほとんど認められないというのは、ひとつの側面の値から別の側面の値を予測することは容易ではないという意味だ。

一世紀以上にわたる研究によって、**人間の知性の各側面には、相関性がほとんどない**ことが明らかになっている。豊富な語彙力があるからといって、文章を書くことが得意とは限らない。三角法が得意だからといって、微積分も得意とは限らない。名前を覚えるのが得意だからとて、メロディを覚えるのも得意とは限らないのだ。

そこで、先ほどの問題に戻ろう。どちらの少年のほうが賢いのか。多面的なプロファイルのバラツキをもう一度見てみよう。

一方の少年は、もう一方より知能の四つの側面（積み木模様、記号探し、類似、物体組立）で値がはるかに高い。もう一方の少年は、三つの側面（構図把握、取消機能つまりイメージ処理能力、絵画記憶）ではるかに優れている。こうなると、私たちが引っかけ問題を出していると考え始める読者もいるかもしれない。正解は、二人とも同じＩＱスコアなのではないか、と。

残念ながら、それはハズレだ。

ひとりのＩＱスコアは百十七、八十五パーセンタイルに相当し、もうひとりのＩＱスコアは九十八、四十五パーセンタイルに相当している。これだと、標準化の考え方によれば、一方は賢く、もう一方は平均以下ということになる。このＩＱスコアの違いから、標準化されたシステムのもとでは、将来二人には異なる教育的な機会や教材が与えられる可能性が高い。

ダークホース的な発想では、物事をかなり違った視点で捉える。多面的なプロファイルにある特異性は、それぞれの少年に、開花する可能性がある才能があることを示していると解釈するのだ。

バラツキのある多面的なプロファイルに見られる違いによって、それぞれの少年の強みに適した戦略は異なるだろう（たとえば、ひとりの少年は物体ベースの戦略に、もうひとりはイメージベースの戦略に焦点を絞ることを考えるかもしれない）と推測できるが、二人が伸ばしていく才能は、最終的には、それぞれの知能のパターン全体によって決まり、それにはＷＰＰＳＩ－Ⅳ知能検査では評価されない無数の側面が含まれている。

しかし、ここで留意すべきは、ダークホース的な発想によると、それぞれの少年が到達できる多様な成功に最も大きな影響を与える要素は、個々の小さなモチベーションのパターンだということだ。そして、これはどのＩＱテストによっても計測され得ないパターンである。

あなたの個性と伸ばすことができる才能にまつわる重要なことすべてが、ＩＱスコアによって消去されてしまう。そして、機会提供の指標としてＩＱスコアに依存しているどの才能エカントにも無視されている。あるいは、才能を判断するいかなる基準によっても、ことごとく無視されているとも言える。

一次元的なスコアで、ひとりの人間が他の誰かより才能をもっていると判断したつもりでも、バラツキのある多面的なプロファイルでは、そうはいかないのだ。

これは極めて重大である。なぜなら、あなたにまつわる重要なことすべてにバラツキがあるからだ。

当たり前だけど、見落とされがちな「才能にはバラツキがある」ということ

あなたの体にはバラツキがある。首が太いからといって、手首が太いということにはならない。腕が長いからといって、足が長いということにはならない。デパートに試着室があるのには理由がある。シャツにＭサイズと書かれているからといって、そのシャツがあなたにぴったり合うとは限らないからだ。――他のＭサイズのシャツは合うとしても。

ジャーナリストのデイヴィッド・エプスタインは、著書『スポーツ遺伝子は勝者を決める

か?：アスリートの科学』（早川書房）のなかで、「体型のビッグバン」について語っている。人体の外観と筋肉組織があまりにも多様であるため、アスリートたちの体型は種目ごとに多様化していると指摘した。人体のバラツキが、個人トレーニングの基礎であり、オーダーメイド衣装の基礎でもある。

あなたの生理機能にもバラツキがある。免疫系、内分泌系、消化器系、肺系統、代謝機能などが、一人ひとり大きく異なっているのだ。あなたに効き目のあるがん治療は、他の人には効かないかもしれない。ひとつの型のインフルエンザに、あなたは感染しやすく、隣の人はまったく影響を受けないかもしれない。身体運動中に、あなたの体は兄弟よりも多くの酸素を使うかもしれない。さらにいえば、マイクロバイオーム（微生物叢のこと）や体内のバクテリア生態にさえバラツキがある。

このような人間の生理機能にあるバラツキは、医療と栄養の個別化の基礎である。実は、あなたのゲノムにもバラツキがあり、個別化した遺伝学の基礎として役立っている。そして意外にも、一卵性双生児の二人さえ、異なるDNAの組み合わせをもっている。

あなたの感情にもバラツキがある。人間の感情のパターン、原因、表現について、過去半世紀にわたって主流であった心理学によって確定された普遍性など存在せず、むしろ劇的なほど個人差がある。

心理学者リサ・フェルドマン・バレットは、二〇一七年出版の著書『How Emotions Are

Made』(訳注：『感情が生まれるしくみ』)において、次のように詳述している。

「一世紀にわたる努力のかいもなく、科学的な研究はたったひとつの感情についてさえ、その一貫した物理的な特徴を明らかにできていない。科学者たちが人の顔面に電極を付着させ、ある感情が湧いているときに顔の筋肉が実際にどのように動くか計測すると、とてつもなく多様な、統一性のまったくない結果が出る。怒りを感じるとき、血圧が急に上がることも上がらないこともあり、また、偏桃体《へんとうたい》(訳注：大脳の側頭葉の前部にある神経細胞の集まり)の感受性の有無に関係なく、人は恐怖を体感するのだ」

あなたの知性にも体にも心にもバラツキがあるということだ。このすべてのバラツキを足し合わせると、あなた独特の「多面的な才能プロファイル」が完成する。

「誰もが何かに秀でている」はキレイゴトではない

バラツキのある多面的なプロファイルは、人間の才能・能力には多様性があるという概念の基礎となる。つまりこれは、あらゆる人間に才能があることを明らかにする、論理的な定式化なのだ。

「誰もが何かに秀でている」というのは、希望的観測ではない。人間科学が個人の肉体的・知的・感情的なプロファイルを、ますます多くの特異な側面に分解していくなら、あるレベルの精度で、やがて万人に平均以上の(そして、平均以下の)能力をもつ側面がいくつかあることを発見するに違いない。

誰もが何かによって極めて意欲的になり、そして、誰もが何かによって極めて非意欲的になる。誰の体にも平均より大きな部位があり、また、平均より小さな部位がある。誰にでも生まれながらに得意な課題があり、同時に、生まれながらに苦手な課題がある。こうしたことを発見するのは、要するに自分に能力のある側面を広げていくことである。

われわれの強みが状況によって変わるという特質に着目することによっても、誰もが才能をもつことがどれほど可能か理解することができる。

バラツキは、個人だけではなく、環境にもあるということだ。ある側面では弱点に見えるものが、適切な状況下では強みになる場合もある。幸い、個別化の時代の到来によって、社会はかつてない多様な状況を提供している。こうした状況の変化は、人が目標を達成するうえで重要な意味をもつものだ。本書のなかでも、そのような例を見てきた。

たとえば、働く母親のためのプロのオーガナイザー、都市で繰り広げられる秘密の夕食クラブなどだ。今では、手づくりのｉＰｈｏｎｅケースを販売したり、駐車スペースを見つけるアプリをプログラミングしたり、猫のセラピーを提供したり、ワインと絵画のパーティを主催したり、プロのバスケットボール・チームの戦力を数学的に分析したりして生計を立てることも可能だ。

無限なまでに多様な、多面的な才能プロファイルと、急速に多様化する職業選択の機会とが揃っていれば、自分の個性に最高にフィットする仕事が保証されているも同然である。

人生のあらゆる可能性のなかから、ひとつの最適な機会を探し出すなんて、と考えるだけで気持ちがくじけそうなら、「勾配上昇」のパワーを思い出すといい。――自分にとって最も大切なことで上達するパワーを。そうするだけで、あなたは自分の才能をピークへと伸ばせることを数学は教えてくれている。

組織本位の慣習的なエカントに適した個人だけが才能をもっていると宣言することによって、**標準化されたシステムは、あなたの能力を余すことなく伸ばし発揮する機会をあなたから騙し取っているのだ。**

ここで、要点を確認してみよう。まず、標準化の考え方における才能についての仮説。これが間違いであるという確たる証拠が私たちにはある。あちこちにいるダークホースたちだ。

次に、なぜ誰もが開花させることができる才能をもっていると言えるか。これを説明する方法も私たちにはある。バラツキのある多面的なプロファイルだ。また、これによって、能力を伸ばし遺憾なく発揮する方法も説明できる。その方法とは、小さなモチベーションの詰まった多面的なプロファイルを活用し、試行錯誤を繰り返しながら、自分の多面的なプロファイルとファジーな強みにフィットする戦略を見つけること、だ。

私たちには、論理的な一貫性と証拠による裏づけのある考え方があり、もう一方は、証拠による裏づけのない自己矛盾した考え方であるなら、既に勝敗は目に見えている。

「暗黒時代」と呼ばれ、今も変わらないのは、当然だ。

「選択」ひとつで世界は変わる!

われわれは、機会提供のシステムを受け入れ、型通りに出世の階段を登れという要求をのんだ。人間の潜在能力に対するひとつの考え方——ほんの一握りの特別な人だけが、社会が提供する最高の機会にふさわしいとする考え方——を、われわれは肯定した。

成功というものを、「どこまで高く登ったか」「どれだけ長く勉強したか」「どれだけ高いスコアを取ったか」という単純な数字を通して考えるようになった。すべて、われわれの選択したことなのだ。

幸いなことに、数多くのダークホースたちによる型破りの成功が、われわれに希望を与えてくれる。ダークホース的な発想の真価は、方向を見誤ったうえに極めて不公平な機会提供システムに対抗することにあるのではなく、より良いシステムを構築する力をわれわれにもたらすことにある。

今われわれが為すべきこと——あなたが為すべきこと——は、ただひとつ、選択である。

7

the Dark Horse Covenant

Chapter

世界は確実に変わってきている！

――「充足感」の追求こそ個人の使命

このように高所得者が急激に発生するのは、
「能力主義の過激化」の一形態と見なすこともできる。
つまり、現代の社会、とりわけアメリカには、
ある特定の個人を生い立ちや家柄ではなく、
その純然たる能力に基づいて「勝者」に指定し、
その個人にことさら気前よく
報酬を与える必要性があるかに見えるということだ。

――トマ・ピケティ（経済学者）

7
Chapter
the Dark Horse Covenant

あなたらしい「最高の人生」へ踏み出そう!「ダークホース的成功」の世界へ!

現在の「能力主義」は「才能の貴族主義」

定員ベースの〝才能選別システム〟は、通常**「能力主義（meritocracy）」**と呼ばれる。これは、最大限に言葉を巧みに用いて表現された言葉で、能力に基づき、懸命に努力する才能ある者は誰でも頂点まで登れることを表している。

この段階で既に、読者の皆さんはこれが真実ではないことにお気づきだろう。好きなだけ懸命に努力することはできるが、その人のもつ才能が既存の鋳型に収まらなければ、その努力は何の意味ももたない。**才能に定員制があること自体が、能力のある多くの人々を確実に底辺に押し留めているのだ。**

このシステムが、能力主義ではなく**「才能の貴族主義（talent aristocracy）」**と呼ばれていたら、おそらく、われわれはこのシステムに対してもっと警戒心を抱いていただろう。皮肉なことに、それこそが「能力主義（メリトクラシー）」なる造語を初めて使った人物の意図だった。

一九五八年、イギリスの社会学者マイケル・ヤングは風刺小説『メリトクラシーの法則』（至誠堂）を書いた。このフィクション作品は、イギリス中に普及する試験ベースの標準化された才能選別システムを賛美したものでは決してない。むしろ、ヤングは嘲りと非難の意味を込めて、わざと「アリストクラシー（貴族主義）」そっくりの「メリトクラシー」という言葉をつくった。ヤング自身が「われわれには現代の社交界というものがあって、そこでは、ごくわずかながらも徐々に、家柄による貴族主義が才能による貴族主義に変化している」と書いているように。

しかし、ヤングにとって悔しいことに、この冷笑を込めた命名がまさに非難したつもりの相手に取り入れられる結果になる。教育者、専門技能職の団体、政府の役人たちが「能力主義」を称賛し始めた。彼らは、もっともな理由があってヤングの造語をハイジャックした。

ヤングとしては、「メリトクラシー」で「アリストクラシー」を暗示したつもりだったが、「メリット（能力）」ばかりが耳に残り、公平と平等主義を表している言葉のように聞こえたのだ。権威ある人々や当局者たちは、この言葉の威力によって、特権化社会から能力社会へ変えようとしていると主張できた。そして彼らは、社会の最も恵まれない階級のなかにさえ能力を見出し、業績と地位への階段を提供すると宣言した。

「能力主義」の賛同者たちは、才能はどこに隠れていようと、この新しい機会提供システムが必ず見つけ出し、選び、育てるとし、われわれは「能力主義」こそが、機会を平等に提供するシステムだと確信した。しかし、**個人の判断による定員枠内でしか機会を提供しないシステムなど、真の能力主義であるはずがない。それはむしろ、「定員主義（quotacracy）」**である。

そして定員主義においては、成功するかしないかは常に**「ネガティブサム・ゲーム」**になる。

わずかな勝者と大多数の敗者が生まれる「不公平な人生ゲーム」

テニス、バックギャモン、相撲などはすべて**「ゼロサム・ゲーム」**だ。これはゲーム理論の用語で、一方が得点すると他方が同じだけ失点するゲームを指す。僕が勝てば、あなたが負ける。あなたが勝てば、僕が負ける。これがゼロサム・ゲームだ。

「定員主義」においても、勝者と敗者が五十パーセントずつであれば（たとえば、大学の志願者の五十パーセントが入学を許可され、五十パーセントが拒否された場合のように）、これはゼロサム・ゲームということになる。自分の才能を伸ばしたい人の半数が、その才能を開花させるだろうが、残りの半数はそうならない。この場合、どちらが勝者でどちらが敗者かは問題にならなくなる。なぜなら、成功する人ひとりにつき、別のひとりが成功しないだけのことだからだ。

しかし、実際の定員主義はまったく違う事態を引き起こす。

ごく少数の勝者と大多数の敗者を生むのだ。イェール大学へ入学できる学生ひとりにつき、入学できない学生は十五名。スタンフォード大学医学部へ入学できる学生ひとりにつき、入学できない学生は四十二名。ローズ奨学金を受給できる学生ひとりにつき、受給できない学生は数百名。定員制である限り、成功するチャンスをつかめるのは、誰かのチャンスを奪ってのことというわけだ。いや、誰かひとりのチャンスだけではない。多くの人のチャンスも奪うことになる。

定員主義では、ごく少数の人が機会を得るのは大多数の犠牲のうえに成り立っているということだ。これが、ゼロサム・ゲームより悲惨な、ネガティブサム・ゲームである。

間違いなく言えるのは、**「社会の構成員の半数よりはるかに多くが、その能力・才能を生かせるチャンスさえ得られないだろう」**ということだ。

毎年、一万五千人近くの新入生がアメリカの名門私立大学に入学する。事実上、社会が提供する最も有利なコースへの入り口を通過する数だ。しかし同時に、百二十万人あるいは九十九パーセントの学生が入学できないことになる。

信じがたいことに、有名ブランド化した大学に入学できる学生の（アメリカ）人口比率は、イギリス・スペイン・イタリア・ロシアで貴族主義が最盛だった時代の貴族の（各国）人口比率より低い。ごく少数の特別な人間がプリンストンやイェールやハーバードに入学する、アメリカという社会が提供する機会を自分たちだけで満喫できるように。そこからあぶれた者たちは、残り物だけでもなんとか手に入れようと競い合う。

確かに、定員主義によって、社会が常に安定した数のスーパースターを産出することは保証される。ただ、その数にあなたが入らないだけだ。

高校を中退したジェニー・マコーミックは、微々たる収入を得るためにファストフード店で働くしかなかった。平凡な大学に行ったイングリッド・カロッツィも、低収入のサービス業に従事せざるを得なかった。スーザン・ロジャーズもまた高校中退者で、医療器具の製造工場に勤め口を見つけた。

しかし、われわれは彼女たちの苦境によって不安を抱くことはない、と定員主義は請け負う。——ジェニーやイングリッドやスーザンのような落伍者は、自らそういう運命を引き寄せたのだ、と。つまり、優れた能力とやる気をもった人たちに、彼女たちは単純に技量の差で負けたというわけだ。もし適格な資質を充分に備えていたら、彼女たちも出世の階段の最上階まで上りつめただろう。これが、定員主義の言い分だ。

最高の機会を受け取る人たちが、客観的に見てそれにふさわしい力量の持ち主ならば、われわれは〝ネガティブサム・ゲーム〟に甘んじることも可能かもしれない。しかし、才能を評価する際に才能エカントに頼るシステムは、公平さを放棄するだけでなく、必ず腐敗した体質に陥るものだ。

「すべての動物は平等。しかし、他の動物よりもっと平等な動物もいる」

アメリカにおいて、「能力主義」と称するものがいかに腐敗しているか、その実態が最も明白なのは、**大学への「縁故」入学**である。評価の高いアメリカの大学のすべてが、卒業生の親族や子息への入学優遇制度を実施している。数多くの名門私立大学では、「縁故」志願者の三十パーセントから四十パーセントに入学を許可し、他の入学志願者に対しては十一パーセントから十七パーセントしか許可しない。ハーバードでは、「縁故」入学の見込みは、単に「才能のある」志願者の入学見込みの六倍も高いという。

これは「能力重視」ではなく、**「特権重視」**である。

しかし、能力主義と称するシステムによって損なわれているのは、これだけではない。各大学は絶えず、「才能のある」学生を確保しようと他大学と競合している。それぞれの定員を満たすために、どの大学も類似した才能の鋳型を採用しているからだ。志願者獲得の主要な方法は、他より立派な設備を学内に整えること。そのために、スポーツ競技場、フードコート、コンシェルジュ・サービスつきの学生寮などを建設する。どれも学生の才能を伸ばすことに関係なく、ひたすら新入生獲得絡みの学内整備プロジェクトである。こうしたプロジェクトは費用が高くつく。だから、大学は年がら年じゅう資金を求めているのだ。

収入を増やすひとつの方法は、**より多額の授業料を払うことをいとわない学生を入学させること。――より才能を示す学生ではなく。**

近頃では、州立の単科大学および総合大学が、州外からの志願者を優遇している。州内の志願者より、多額の学費を払うからだ。カリフォルニア州立大学の全校二〇一六年度会計監査によって、各大学が「他の学生より多額の学費を支払う、州外または海外からの学生に対して、入学優遇措置を数千人の対象者に実施し、カリフォルニア州住民に不利益を被らせた」ことが発覚した。住民の税金によって建てられた大学の多くが、本来、奉仕すべき地元のコミュニティを無視してまで、**大金を払う学生を優先させている**のだ。

「定員主義」において、寄付が充分にあるため資金に困らない大学は、「血統」に取り込まれる。その一方で、資金が必要な大学は、最高額を提示する入札者に身売りする。そして今後もずっと、独断による定員と自己流の慣習的な基準で教育的な機会を提供するシステムをわれわれが維持する限り、**富裕層と特権階級が他の階層より有利な立場に立ち続ける**だろう。

本当の意味で、才能エカントは、ジョージ・オーウェルが『動物農場』で指摘した大原則、すなわち「すべての動物は平等である。しかし、他の動物よりもっと平等な動物もいる」という言葉（訳注：為政者が唱える「平等」は抑圧の方便でしかない、という意味）を実行していると言える。

「個別化の時代の到来」が新しい社会への扉を開く

過去一世紀にわたり、多くの人々がアメリカの標準化された才能開発システムにおける欠陥を認識し嘆いた。アメリカの心理学者であり教育者であるジョン・デューイ、イギリスの数学者であり哲学者であるバートランド・ラッセル、イタリアの医学博士であり教育者であるマリア・モンテッソーリ、アメリカの労働運動指導者サミュエル・ゴンパーズ、アメリカの教育心理学者ベンジャミン・ブルーム等はすべて、労働と教育の標準化に対して痛烈な批判を発表した。

多くの芸術家たちもまた、標準化時代に鋭い非難の目を向けている。たとえば、ジョージ・オーウェル（『１９８４年』）、ロイス・ローリー（『ザ・ギバー　記憶を伝える者』）、トマス・ピンチョン（『重力の虹』）などの小説家や、映画の『未来世紀ブラジル』や『マトリックス』シリーズである。こうした批評家たちは、個性は問題であるという前提に立つ社会が人々に与えている精神的なダメージを指摘し、厳しく批判した。しかし、彼らのうちひとりとして提起することができなかったのが代替案であった。

標準化時代の幕開け以来、標準化に対する批判勢力は、反戦勢力とほぼ同じ立ち位置にいた。社会現象の元凶を糾弾し、その速やかな終息を要求するのみで、そのための実際の方法を何ら明らかにしなかったのだ。二十一世紀を振り返れば、社会的な組織の一形態としての標準化時代について、ウィンストン・チャーチルが政治的な組織の一形態として民主主義を語ったのと同じことが言えるだろう。「これは最悪の形態だ。ただし、これまでに試されたすべての形態を別にすればの話だが」と。単純に、現実問題としてわれわれの定員主義を改良できる希望をもてなかったのだ。なぜなら、それを成し遂げるための経済も科学もテクノロジーも発達していなかったからだ。

しかし個別化の時代の到来によって、すべてを変える本当のチャンスが初めて巡ってきた。

今のところ、個別化は、ｉＰｈｏｎｅやＦａｃｅｂｏｏｋやビデオ・オンデマンドのように、自己表現をしたり、好きなものを見つけたり、環境を自分の趣味に合わせてカスタマイズしたりするための便利な装置として考えられている。しかし個別化が真に約束するものは、これよりはるかに大きなものだ。個別化によって、ネガティブサム・ゲームからポジティブサム・ゲームに移行できる。ついに、太陽が地球を周回する宇宙から、地球が太陽を周回する宇宙へと移行できるのだ。

個別化の時代は、われわれに機会提供の新システムを構築する力を与える。ようやく、根本的に公平なシステムを構築できるのだ。成功するための個人の努力は必要だが、機会は（従来の鋳型に合う人ではなく）誰にでも平等に提供され、一人ひとりに充足感が約束される。初めて、その名に値する能力主義を確立するために必要なものすべてが揃うのだ。

真に民主的な能力主義を確立するために。

経済・テクノロジー・科学……必要なものはすべて揃った！

われわれには、真に民主的な能力主義に適した**「経済」**がある。

アメリカが標準化されたシステムを受け入れた当初は、標準化された製造および経営管理の仕事が、標準化された教育を修了した者すべてに行き渡るほど大量にあり、誰もが生涯かけて同じ雇用主のもとで働くものと予想できていた。今はもう、そうではない。経済の標準化にかわり、多様化した経済活動が増大している。

かつてない豊富な種類の仕事が出現し、小規模ビジネスを含む様々な企業でエコシステム（訳注：収益活動協調体制のこと）が急激に成長し、参画へのバリアもほとんどない状態だ。製造業者は、製品を週によって、あるいは多くの場合、日によって変更できる。ギグエコノミーという労働環境も出現し、請負業者やフリーランサーなどの自由契約者が、企業から単発または短期の仕事を請け負っている。ロングテールエコノミーも出現し、（ヒット商品の大量販売に依存せず）ニッチ商品の多品種少量販売によって大きな売り上げ、利益を得ることができるようになった。われわれに必要なのは、多様化し個別化したフレキシブルな経済である。これによって、民主的な能力主義が生み出す多様な成功への機会提供が可能になるのだ。

われわれには、真に民主的な能力主義に適した**「テクノロジー」**がある。

一世紀以上も前に、標準化の父フレデリック・テイラーは、人間のほうが機械より安価であり配置換えが簡単だという理由から、標準化が必要不可欠だと主張した。しかし一世紀経った今、機械のほうが人間より安価であり配置換えしやすくなっている。

スマートフォン、スマートウォッチ、スマートホーム（訳注：電気製品などをネットワーク接続によって管理できる住宅のこと）、ソーシャルメディア・アプリ、さらには、Ａｌｅｘａ・Ｓｉｒｉ・Ｃｏｒｔａｎａなどのデジタル補助装置がわれわれの日常生活に欠かせないものになっている。

一世紀前には、最大手の企業が、誰もが認める標準化の主《あるじ》だった。今では、最大手の企業がますます個別化した経営を進めている。かつて標準化医薬品のパイオニアであったブリストル・マイヤーズ・スクイブ社でさえ方針を転換し、個別化医療連合に加入して「画一的な」医療を正式に否定している。最も重要なこととして、今われわれには、インターネットがある。これこそ、究極の個別化テクノロジーだ。これによって、民主的な能力主義に不可欠な、個別化した学習形態と個性に合う選択肢の提供が可能になるのだ。

われわれには、真に民主的な能力主義に適した**「科学」**がある。

私たちが提唱する「個性学」は、個人の特性を理解・評価・育成する新しい方式と数学を提供するものとして誕生した。この学問は、十九世紀の統計学的な数学ではなく、二十一世紀の動力学的システムに基づく数学に依拠している。

さらに、開花期を迎えた研究分野として、個別化医療、個別化栄養、個別化ゲノミクス（訳注：ゲノムの構造や機能を解析する学問）、個別化トレーニング、個別化した学習形態、個別化した製造形態などがある。このすべてが個性学の原理を土台にし、日々進歩し続けている。そして、情熱をもった科学者集団が、新しい研究プログラムを開発し、各分野のグループが個人の特性を理解・評価・育成することに専念している。

われわれに必要なのは、健全な個性学である。これによって、真に民主的な能力主義を支える基本構造を、絶えず改良し純化することが可能になるのだ。

時代遅れの定員主義から、真に民主的な能力主義へと劇的な移行を遂げるために必要な、ほとんどすべてのものが揃っている。欠けているものは、ただひとつ。受動的に受け入れるのではなく、われわれが能動的に選択しなければならない、ひとつのもの。新しい社会システムだ。

「少数が成功する社会」から「万人が成功する社会」へ

ある社会システムが広く受け入れられるには、能力に対する社会的な概念およびその機会提供システムと大いに関係する。

最近の歴史を振り返ると、最初に登場するのは「貴族社会というシステム」だ。特別な血統のみが能力をもつという信念に基づき、「伝統」を重んじ、ひいては「誰も成功できない」機会提供システムである。このシステムは貴族階級によって実施され、他の誰からも承認されなかった。

次に登場したのが、「標準化されたシステム」だ。特別な個人のみが能力をもつという信念に基づき、「効率性」を重視し、ひいては「不特定の誰かは成功するが、万人が成功することはない」機会提供システムである。この定員主義は組織によって実施され、個人から承認された。

そして今、ダークホース的なシステムを新しく構築するチャンスが巡ってきた。万人にそれぞれの多様な潜在能力があるという信念に基づき、「充足感」の価値を承認し、ひいては「万人が成功できる」機会提供システムに道を開く。この民主的な能力主義は個人から承認を受け、個人によって実施される。

私たちには充足感を追求する「権利」だけでなく「義務」がある

社会契約というと、条例や条項が延々と続く法的文書だと思うかもしれない。しかし社会契約の真の威力は、一枚の紙から発するのではなく、むしろ、われわれすべてが従ういくつかの単純明快な真実から発するものだ。

そして、その真実によって暗黙のうちに築かれるのが、個人に奉仕するものとしてわれわれが創造した組織と、われわれ個人との関係である。社会契約の本質は、われわれが互いにどういう義務を負うか規定していることにあるのだ。

標準化されたシステムに関する文言を思い出してみよう。

「社会には、ある条件を満たす個人に機会を授ける義務がある。その条件とは、個人が一人ひとりの充足感の追求を放棄し、専門的な能力の取得を目指して標準化された道を突き進むことである」

もし自分と自分の子どもたちのために真に民主的な能力主義を望むなら、われわれは新しい社会契約を各自批准しなければならない。

「社会には、構成員に充足感追求の機会を提供する義務があり、構成員には、充足感を追求する責任がある」

ダークホース的なシステムのもとでは、組織が負う最大の義務は「平等なフィット」の提供であり、各人が負う最大の義務は「個人的に責任をもつこと」である。

この二つの義務が結合されると、真に民主的な能力主義を正式に開始するのに必要にして充分な条件が整うことになる。

「機会均等」から「平等なフィット」へ

標準化されたシステムが勢いを増すにつれて、自由世界は**「機会均等**（Equal Opportunity）**」**

の真価を高め、強固なものにした。原則としては、「機会均等」には、血統・性別・思想信条にかかわらず、あらゆる人間が公平に機会を受け取るべきだという意味がある。ところが実際には、それは主に、定員主義の避けようのない腐敗を正そうとする試みとして出現した。

これまで見てきたように、定員枠に入り込めるのは富裕層と特権階級だけである。さらに、性差別や人種差別や他の根強い偏見によって定員枠から締め出される場合も多い。これも、能力は見る者の目によって決まるという才能エカントがあるからだ。

結果的に、標準化時代を通じて、**「才能の定員」の大部分が矮小な均質集団に占められるようになった。**この傾向を食い止めるために登場したのが「機会均等」だ。――生い立ちや家柄に関係なく、誰もが平等に定員枠に入り込むチャンスを得られるように、と。

「機会均等」は、定員の人口動態が確実に社会全体の人口動態に似たものになることを目指した。要するに、「機会均等」は常に機会への「平等なアクセス」と定義づけられていたのだ。

「平等なアクセス」は、高潔かつ不可欠な努力である。しかし、「平等なアクセス」としての「機会均等」は、定員ベースの機会提供システムにある根本的な不公平を何ら変えることも改善することもできない。

まず、**相変わらずエリートたちが彼らに特別に用意された予約席を最上階に確保している。**「平等なアクセス」の方針に従って、大学が定員内に設定する富裕層と特権階級の優先枠を減らすことはなかった。「平等なアクセス」は、残りのわれわれが狙える座席数に影響しただけなのだ。

さらに重要なこととして、「平等なアクセス」としての「機会均等」は、ネガティブサム・ゲームの力学を根本的に変えはしない。定員が固定されているので、ひとりのアクセスを認めると、その人がどれほど恵まれていなくても、常に他の多くの有能な努力家たちが締め出されることになる。

たとえば、定員枠を占めるラテン系アメリカ人の数が少ないと考え、「平等なアクセス」の原則に従って定員枠に入り込むラテン系アメリカ人の数を増やすことは可能だ。しかし、その結果、アフリカ系アメリカ人、アメリカ先住民、アジア系アメリカ人に割り当てられる座席数が減り、なおかつ、他の等しく才能あるラテン系アメリカ人に割り当てられる座席数も減ることになるのだ。

また、「平等なアクセス」としての「機会均等」によって、機会そのものが増加することはない。椅子取りゲームで、椅子の数の五十倍のゲーム参加者がいる状態で席を予約しようとするようなものだ。「機会均等」は人種・性別・社会経済的なステイタスに基づく根深い不平等を減らすことによって、本質的に不公平なシステムにわずかばかりの公平さをもたらすことにはなる。しかし、そもそも社会契約上、誰もが人為的に制限された同じ機会を求めて戦うように定められている。能力の「ハンガーゲーム」のプレイヤーの顔ぶれが変わるだけで、ゲームの結果が変わることはない。勝者の数は、何があっても固定されたままなのだ。

「平等なアクセス」としての「機会均等」は、定員主義においてわれわれが望むことができた最高のものである。しかし、これが不可欠で道義的であるという事実をもってしても、標準化された問題に対する標準化された解決策に過ぎないという現実は消え去らない。しょせん、ひとつのエカントを埋め合わせるのにもうひとつのエカントが使われているだけなのだ。これが目指した究極の目標は、不特定の人間に——万人にではなく——才能の開発と充足感を達成するチャンスを与えることだった。

今のわれわれには、これ以上のことができる。

新しいシステムを採用することが可能なのだ。——これまでと明らかに異なる公平の概念を必然的にともなうシステムを。万人に向けて真に機会均等を提供したいなら、われわれは「機会均等」を**「平等なフィット」**と定義し直す必要がある。

「平等なフィット」のもとでは、誰もがその個性に応じた最高の機会を受け取ることができる。才能エカントを調整する必要もない。なぜなら、エカント自体が存在しないからだ。

自分を合わせなければならない鋳型も、喜ばせなければならない審査員も存在しない。「平等なフィット」が調整の機能を果たし、一人ひとりの独特なバラツキのある多面的なプロファイルが受け入れられるようになる。

「平等なフィット」があるシステムでは、われわれが互いに競い合って階段のさらに狭くなった次の段へ上がるようなことはない。それぞれの勾配上昇を展開するだけだ。「平等なフィット」があれば、あなたの勝利は誰かの敗北にならない。ダークホース的なシステムのもとでは、あなたの目標は国内最高になること(ネガティブサム・ゲームの最たるもの)ではなく、**「最高の自分」になること**だ。しかも、最高の自分になれる周りの人々の能力を制限することのないプロセスを通じて。

より多様な階層に、標準化された成功へのアクセスを提供することに重点を置く「平等なアクセス」とは異なり、「平等なフィット」は充足感の追求を普遍的な権利として保障し、個人の成功を最大限に多様化することに重点を置く。

あなたがダークホース的なシステムを承認するには、「平等なフィット」を個人的な公平の概念として取り入れればいい。しかし、民主的な能力主義が充分に機能を果たすには、われわれの組織が「平等なフィット」を分配することに全力を挙げる必要がある。

組織は「効率性」ではなく「適応性の追求」の責任を負う

実際のところ、組織はどのように「平等なフィット」を提供できるのだろう? その答えは「個別化の時代」にある。「平等なフィット」こそ、正真正銘の個別化を万人に保障するものだからだ。

「平等なフィット」を原則とする社会では、組織はわれわれの教育や労働を含む生活全般を支えるすべての対人システムを個別化しなければならなくなる。もっと端的に言えば、組織的なシステムやサービスは、生い立ちや年齢に関係なく、いかなる個人のバラツキのある多面的なプロファイルにも対応しなければならないということだ。

ダークホース的なシステムのもとでは、「効率性」ではなく「適応性」が組織に義務づけられる。民主的な能率主義において、個別化は何か高級感を出すための派手な追加機能でもなければ、ありきたりのアフターサービスでもない。むしろ、「平等なフィット」と充足感を得る普遍的な権利を保障する、唯一の方法である。

幸い、このような個別化をわれわれが新たに発明する必要はない。世界で最も成功したビジネスのいくつかが既に、高度に発達した個別化テクノロジーを活用し、個人のニーズと要望に応えている。われわれはただ、こうしたテクノロジーを生活の周辺的な部分から中心部へ、すなわち消費者向け製品から教育と労働の現場へと移動させればいいのだ。

個別化が真に約束するものは、気の利いたデジタル機器や商業全般を網羅するエコシステムではなく、「平等なフィット」を社会全体に提供するために必要不可欠なシステムとサービスの構築である。これが実行されれば、誰もが思い通りに成功できる権限をもつようになる。

万人に個別化を分配することは、民主的な能力主義を樹立するうえで最大の難関のように思えるかもしれない。確かに以前はそうだったが、今はもう違う。

たとえば、カーンアカデミーという非営利のオンライン学習システムは、たったひとりの男性によって創設され、十年という短期間で、既に六千万人以上の学生と二百万人以上の教師に、自分のペースで自主的に選択できる十億個のレッスンを完全無料で届けている。

もちろん、「平等なフィット」を提供する本当の難しさは、個別化テクノロジーを万人に分配することにあるのではない。実際のところ、この任務は、Ｎｅｔｆｌｉｘが登録ユーザー全員におススメ映画を紹介する方法を考え出すのと同じくらい難しい。

「平等なフィット」提供の困難さとは、個人の選択を保障することなのだ。

ＳＦではない！　このままでは「超・監視社会」が訪れる⁉

選択は、充足感に欠かせないものである。本物の選択がなければ、一人ひとりの小さなモチベーションにフィットする異なる機会を、発見し比較し選び取ることはできない。本物の選択は、一人ひとりのファジーな強みに合う異なる戦略を自由に探し出すために必要不可欠なものだ。選択は、いわば「勾配上昇」のナビゲーションである。

いかなる組織のシステムやサービスについても、それが「平等なフィット」を提供しているかどうかは、こう問うだけで判断できる。

「それは個別化と個人による選択の両方を提供しているか？」

真の選択を提供するには、組織は目に見える何らかの支配権を放棄しなければならない。これによってもたらされる恩恵――たとえば、個々の能力の拡大や、従業員の就労意欲と生産性の向上など――は極めて大きいが、それには組織の首脳部が理念上の大きな転換をしなければならない。これは、われわれが全力で促すべき転換である。さもないと、定員主義よりはるかに悪いシステムが出来上がってしまう。

個別化の時代は、かつてなく希望に満ちた画期的な時代であるが、同時にまた、とてつもない危険をはらんだ時代でもある。「個別化を抜きにした選択」よりはるかに抑圧的なもの、それが**「選択を抜きにした個別化」**である。

システムがあなたの個性に合わせ、なおかつ、あなたに本物の選択をする余地を与えない場合、そのシステムはあなたをコントロールできる無限の力をもつことになる。これは、不安を煽るデマ宣伝ではない。民主化に通じるはずのインターネットの潜在的な威力が、いくつかの全体主義政府によって、国民をモニタリングし、操《あやつ》り、抑制する前代未聞の手段として悪用されているのだ。しかも、思い違いしてはならないのが、このまま何も手立てを講じなければ、現在の西側諸国がまさにこの状態に突き進んでいくということだ。

大手企業は既に、個人情報を集めた巨大なデータバンクを保有している。その用途は、個人に買わせたい製品を売るために個別化した広告を流すこと。個人を特定のサイトへ誘導することだ。個別化したニュースは、個人が何を考え、どの候補者に投票するかに影響を与えている。

われわれは、政府と企業――そして、その保有するＡＩシステム――が、個人の知らないうちに、あるいは、個人の同意なしに、ますます重大な事柄についてわれわれに代わって選択する世界をつくり出しているのだ。

このような組織は、明らかにますます多くの点で個別化を提供したがっている。組織が個別化を与えるのは、それぞれの組織の思惑通りに、それぞれの目的を果たすためである。さらにはっきりと言えば、**個別化は与えたいが、それに応じた選択権は与えたくない**ということだ。

「サミット学習プログラム」――平等なフィットを提供

なぜ組織は、そこに所属する個人に選択権を譲り渡したくなるのだろうか？

「平等なフィット」を提供する組織は、個別化の時代では繁栄するからだ。これは机上の空論ではない。今この瞬間にも、あなたが民主的な能力主義のもとで全生涯を送ることは可能だ。その方法は、現在の誕生まもない「平等なフィット」を提示する健全な組織に参加することである。

その一例が、サミット・パブリックスクールだ。これは、カリフォルニア州とワシントン州にある公立のチャータースクール（訳注：税補助を受けるが従来の公的教育規制を受けない学校、外郭団体の協力を得て運営される）十一校からなるネットワークで、各校に六年生から十二年生までの生徒が通っている。この教育機関は、サミット・ラーニングと呼ばれる、個別化した学習法・教授法を基盤にして設立された。この学校の人気と卒業生の成功に表われているのが、**「全生徒が充実した人生を送れるよう、知識と素養を身につけさせる」**という、サミットが掲げる使命を現実に有効化したことである。

サミットの教育プログラムには、全生徒がそれぞれの情熱と目的意識を自らつくり出し、自らの能力を伸ばせるよう、三つの主要な実践項目がある。

一、全生徒に専任の指導者がつき、毎週、その指導者は一対一で担当する生徒と面談し、それぞれの生徒が自分の個性を理解し生かせるようにサポートする。

二、授業では、生徒は学び取った知識やスキルや習慣を、卒業後に遭遇する状況に備えるための種々のプロジェクトに適用する。

三、全生徒はひとつの学習サイクルを通じて導かれ、そのサイクルによって生徒は各自の「達成可能な目標設定の仕方」「効果的な計画の立て方」「能力の表し方」「自分自身と学習進度の振り返り方」を教えられる。

標準化されたシステムのもとで、専門技能の向上と充足感の追求との両立はあり得ないと教えられてきた。この確信は、サミットについて人々が発する最初の質問に反映されている。「確かに良さそうな学校だけど、サミットの卒業生は大学に入れるの？」

ダークホース的なシステムのもとでは、もちろん、大学に入るかどうかは充足感や成功の有効な尺度ではないが、この問いに対する答えは「イエス」だ。サミット・パブリックスクールの生徒の九十九パーセントが四年制大学に受け入れられている。

さらに印象的なことに、サミットの生徒は国内平均の二倍の率で大学を卒業している。実のところ、学力を測る標準化された基準のどれを当てはめても、サミットの生徒は絶えずトップに近いランクを維持している。

もともと小さな学習コミュニティとしてつくられているため、各スクールの設備には受け入れ可能な生徒数に限度がある。ご想像通り、サミットへの入学希望者はとてつもなく多く、もちろん定数を大幅に超えている。この定員問題を解決するためにサミットが使っているのは、くじ引きだ。全志願者から無作為に抽出する方式である。こういうわけで、入学許可は生徒の学力とも学校側の財源確保とも関係なく決定される。要するに、サミットで才能を伸ばしたいと願う児童なら誰でも、機会を平等に受け取れるのだ。

なぜあなたは、この北西部にある十一校のことが気になるのだろう？　それは、あなたがどこに住んでいようと、サミットへ行けば我が子に正真正銘の「選択」が与えられるからだ。サミットがもつ真価は、**「サミット学習プログラム」**にある。

それは一貫したカリキュラムであり、対面とオンデマンド方式による専門的な技能の育成、各学校への熱心な指導者の配置、そしてサミット独自のオンラインプラットフォームを特色としている。この実践・ツール・知識を、学校に訪問した他の教育者たちと共有するサミット側の努力の一環として始まった活動が、今では全国の学校を支える強固なプログラムへと発展し、各地のコミュニティがサミット学習方式を完全無料で取り入れるようになった。この方法で、サミットは定員という限界を超えて、万人に行き渡る個別化した教育を提供しようとしている。

アメリカ全土で、三百三十を超える学校が既にサミット学習プログラムに参加している。極めて重要なのは、サミットが全国の学校にそれぞれのコミュニティの必要性と価値観に合わせてプログラムを手直しするよう促していることだ。「平等なフィット」を分配するには、組織はその実施において最大限の適応性をもたせなければならないということを、サミットは認識しているのだ。あなたも今すぐ我が子の通う学校へ行き、サミットと連携するよう頼んでみてはどうだろうか。うまくいけば、お子さんは初めて民主的な能力主義がどのようなものか味わうことができるだろう。

「CfA」——学年と単位を廃止。画期的大学プログラム

K-12（訳注：幼稚園の年長から始まり高等学校を卒業するまでの13年間の教育期間）の先にある高等教育へも目を向けてみよう。表面上は、ダークホース的なシステムで最も失うものが多いのが高等教育である。こうした教育機関は、一世紀以上の間、標準化と定員制を守り

抜き、選択権を手中に収め続け、社会的な機会に対してほぼ独占状態を維持してきた。しかし今、われわれはついに、先見の明のある教育機関（ウェスタン・ガバナーズ大学、アリゾナ州立大学、サザンニューハンプシャー大学など）が個別化に踏み切るところを目の当たりにしている。

サザンニューハンプシャー大学（SNHU）について詳しく見てみよう。一九三二年、会計学と秘書学の標準化された学校として創立されたが、二〇〇八年に「College for America（CfA）」というプログラムを立ち上げて以来、全国をリードする個別化した教育機関へと変貌を遂げた。

CfAは、完全に学年と単位時間を廃止し、能力ベースの評価を取り入れた、アメリカ初の認可（学部）プログラムである。CfAの全学生に専任の指導教官がつき、それぞれの個性に最適な教育的選択ができるように導かれ、どの専門分野をどういう順序で身につけるか学生自身が決定し、さらに学習に関して広範囲に自己管理できるようにサポートされる。正式な講師は存在せず、ただ学究コーチと、学生が教材をマスターしたかどうか評価する審査官がいるだけだ。つまり、学生は標準化された時間に縛られることなく、自ら学習進度を速くすることも遅くすることもできる。

CfAへの入学許可を得るために、他を押しのけて入り込まなければならない定員枠もなければ、合わせなければならない慣習的な鋳型もない。CfAの授業を受けたい人は誰でも受けられる。二〇一七年現在、四年制私立大学で学士号を取得するには平均十五万五千ドルの学費がかかる。ＣｆＡで学士号を取得するための学費は、合計一万ドルだ。さらに、進度の速い学生の場合は、五千ドルで済むこともある。多くの学生が雇用主から学費補助を受けるので、実際の支払額はこれよりさらに低くなる。圧倒的多数のＣｆＡ学生が、卒業時に一切の借金を負っていない。二〇一七年のＣｆＡ入学者数は、七千名だった。しかし、ＳＮＨＵ学長ポール・ルブランは、二〇二一年までに入学者数は二万一千名に増えるだろうと予測している。

この大学は百社を超える企業と連携を結んでいる。そのなかには、病院、非営利団体、ホテル、保険会社、食品サービス、ファッション、メディアなどの会社が含まれる。これも、ＣｆＡが実際の仕事ができる卒業生を輩出することに重点を置いているからだ。とりわけ、標準化された大学では制度上充分にサービスを受けられない人々（たとえば、軍の隊員や専業主婦や常勤職員や年配の学生）の要望に応えるというのも、ＣｆＡの特色である。

「私たちのＣｆＡプログラムが注目されるのは、ほとんどの場合、その低いコストと高いクオリティのためだと言えるでしょうが、近頃さらによくわかるようになったことがありましてね。皆さんの状況に合った形で教育にアクセスできるようにすることが、何よりも教育ツールのもつ力を強めるということなんです」

とルブランは強調する。

「ＣｆＡでの教育はフレキシブルですし、画一的な教育モデルには到底果たせない形態で、個々の学生のニーズに対応しています。そして一番良いところですか？　学生たちが優秀だということです。カントを読みますし、難解な数学をマスターしますからね。優れた作家や思想家になる学生もいます。当プログラムが実践されている様子を詳細に見ていくと、間違いなく確信をもつことができます。これは、教育をどう考えるかという点で、ひとつのパラダイム・シフト（訳注：支配的な理論の基礎となる前提が劇的に変化すること）を表している、と」

「NAPO」――定員枠も才能エカントもない組織

教育から、職場へ目を移してみよう。民主的な能力主義においては、あなたがどのような専門職に就くか、その運命をコントロールするのはあなた自身である。なぜなら、あなたには自分の道をコントロールする権限があるからだ。自分の思う通りに、自分流の成功を追求できるということだ。しかし、このような自由から、あなたはある不安を抱くようになるかもしれない。

「自分の道を辿っていくと、最後は、たったひとりで道に立つことになってしまわないだろうか。ひとりだけの職業に辿り着いたりしないだろうか」と。

標準化ではなく個別化を選択するのは、専門職のコミュニティに（欠陥はあるにしても）所属するチャンスを捨てて、ひとりきりで道を極めることのように思えるかもしれない。実際は、その逆である。真に民主的な能力主義においては、人間の多様な才能に対して、社会的な門戸が開放される。そのため、個人同士はこれまでよりはるかに容易に共通の（職業上の）関心事で結びつくようになるし、その情熱を反映させた共同体を自発的につくれるようにもなる。われわれが標準化されたシステムから解放されると何が可能になるかを示す輝かしい例のひとつは、「コート・オブ・マスターソムリエ」であり、もうひとつは、ＮＡＰＯである。

正式名称「National Association of Productivity and Organizing Professionals」、略してＮＡＰＯと呼ばれる組織がある。これは、コリン・ベロックがプロのオーガナイザーになるために政界から去った後に参加した組織である。

ＮＡＰＯが興味深いのは、プロのオーガナイザーになるために上らなければならない慣習的な階段がなく、また、定員枠も才能エカントもなく、大学の卒業証書もいらないことだ。ＮＡＰＯのメンバーは、一人ひとりが卓越を目指して独自の道を辿った、目的意識の高い個人である。その独自の道を辿った後で、当人も驚いたことに、他にも自分と同じ二つの強い動機――人助けしたいという欲求とオーガナイズしたいという欲求――をもつ人々がいることを知ったのだ。

ＮＡＰＯの発端は、一九八三年、南カリフォルニアに住む五人の女性が、あるリビンググループで定期的に顔を合わせたときに遡る。

彼女たちは、カレン・ショートリッジが地元のコミュニティ新聞に出した小さな求人広告を見て集まったのだった。その広告には「片づけるのが好きな人は、私にお電話を」とあった。

五人のなかには、顧客の家やオフィスを掃除したり片づけたりして報酬を受け取っていた女性も、友人や家族のために片づけていただけの女性もいた。

そのうちのひとり、ステファニー・カルプは、「The Grinning Idiot」（訳注：「ニヤニヤ笑うお馬鹿さん」の意味）という商号で、ハリウッド界隈の人々のあれこれとした使い走りをしていたが、ある日、客の家に行き、箱やら何やらが大量に散乱しているのを発見し、「散らかり放題の物を片づけられない人の代わりに整理整頓してあげることで、生計を立てられるかもしれない」と気づいたという。

当初は、五人とも片づけ方のコツやヒントを共有し、お互いに楽しく交流する「クラブ」として機能する以上のことは考えていなかったが、ステファニーには、もっと意味あるものにできるという確信があった。

「私たちがやっている仕事は、ひとつのちゃんとした専門職として認められ、尊重される必要があると思ったの」とステファニーは言う。「あの頃は、メイドだと思われていたのよね。世間は、私たちを軽く扱っていた。だから、『プロのオーガナイザー』という名前を思いついたのよ」

ステファニーが提案した方向性にそって、このプロのオーガナイザー五人組は、独自の非営利団体をつくり上げた。

「私は企業体ではなく、非営利の組織を築きたかった。女性が女性を助けることに強い信念を感じていたから」とステファニーは説明する。

「他の専門職には、教科書や講習や大学の専攻課程があるけど、私たちにあるのは支え合う仲間だけ。だから私は、お互いにサポートするネットワークみたいなものにしようと考えたの」

一九八六年、ニューヨーク支部を開設後、彼女たちは団体名を「National Organization of Professional Organizers」とした。「最初は、ゆっくりとしか進展しなかった」とステファニーは認める。

「まだ、女性には機会均等があまり与えられていなかったのね。通信手段は、ほとんど電話だったし。世の中に、私たちが何をしているか説明しにくかったわ」

しかし、新しいテクノロジー、新しい経済、新しい社会的な価値観とともに、個別化の時代が勢いを増し始めるにつれ、色々なことが変わり始めた。

「二〇〇〇年が転換期だった。インターネットのおかげで、お互いが繋がりやすくなったし、本当に全国展開のコミュニティをつくれるようになったの。そうして、女性のパワーはだんだん強くなり、社会が捉える女性の能力という点で、大きな前進を遂げた。あれ以来、いろんなことが起きたけど、改めて振り返ると感無量だわ」

現在、NAPOには四千名を超えるメンバーがいて、その活動拠点は四十九州と二十六カ国に及んでいる。NAPO指導部は極めて積極的かつ意欲的であり、そして高い指導力を発揮している。ダークホースばかりの組織では、こういうことが当たり前に起きるのだ。民主的な能力主義においては、共通の小さなモチベーションによって結びつくことで自発的に組織された、NAPOのように活気がありフレキシブルな専門職コミュニティは、例外的な存在ではなく、むしろ普通なのだ。

＊＊

ここで、はっきりとさせよう。この三つの例が、機会提供の新システムをつくるわけではない。私たちは、サミットとSNHUとNAPOが民主的な能力主義を築き上げるという問題すべてを解決させる、とは言っていない。この三つは、模倣すべき理想型としてではなく、あくまでも基本理念を鮮やかに証明するものとして取り上げた。彼らは、ダークホースたちと同じく、勇敢にも荒野に独自の道を切り開くパイオニアだ。

決して「唯一最善の方法」によって、「平等なフィット」が実現されることはない。どの組織も、それぞれに個別化と個別の選択を提供するために独自の解決策を見つけなければならなくなるだろう。しかし、三つの組織は、個別化と個別の選択を通じて人々が解放されたときにも混乱は起きないことを示している。

それどころか、人々は充足感を得て、なおかつ、それぞれの専門技能を伸ばすことになる。

このようなパイオニアたちによって予示される世界を構築したいなら、変えなければならないのは組織だけではない。われわれ自身もまた、互いに責任を負う覚悟が必要だ。ダークホース的なシステムのもとでは、誰もが民主的な能力主義を築き上げるために、個々の義務を果たさなければならない。組織が果たすべき義務と同じくらい重要な義務を。

あなたは、もはや機械の歯車ではない

充足感は、授けられるものではなく、獲得するものだ。そのため、ダークホース的なシステムにおいては、一人ひとりが負うべき極めて重要な義務、すなわち「個人の責任」をわれわれは果たさなければならなくなる。そして「個人の責任」についても、これまでとは違う見方をする必要がある。

以前は、責任の所在を云々するとき、われわれの社会は組織ぐるみの偽善に浸っていた。個人にはそれぞれの選択肢が必要だと主張しておきながら、個人から選択の自由を奪い、職業上の機会にアクセスするには教育が必要だと主張しておきながら、才能を制限する定員制を強要した。そして、誰もが出世の階段を上る機会均等を得られると宣言しておきながら、才能エカントを強引に導入した。

これは、選択という仮面をかぶった「受動的な二択または三択」であり、ときには、それすらも認められないことがある。重大な選択権ほど、あらかじめ富裕層と特権階級に優先的に用意される場合が多い。勝者の数を厳密に制限する、腐敗した機会提供システムをわれわれは自らつくり出し、挙げ句に、敗者に敗北の責任をとるよう命じたのだ。

これとは異なる状況をつくり出すのが、「平等なフィット」を実施する真の民主的な能力主

義だ。

あなたは、もはや機械の歯車ではない。

また、美女コンテストの出場者でもない。

本物の選択肢を提示されるとき、あなたは自分の人生を本当にコントロールする権利を手にする。しかし、このように権限が増大すれば、それにともない責任も増大することになる。自分で選択肢を探り出す権限をもつと、あなたは同時に、充足感を目指すうえで自分が下した決断に対する責任を全面的に負うことになるのだ。

個人がそれぞれの充足感の追求を社会に対する義務と見なすことができる場合のみ、民主的な能力主義は機能する。これが、様々な組織に「平等なフィット」を提供するように働きかける個人的な方法なのだ。

今後、サミットやCfAのような場所が成長発展するかどうかは、われわれにかかっている。もしわれわれがこの生成期の民主的な能力主義を支持しようと選択せず、相変わらず、標準化された成功を追い求め、選択権を放棄し続けるなら、このような団体が成長発展することはないだろう。

「ダークホース的な生き方」と「あの有名な宣言」の意外な関係

ダークホース合意は**「充足感は、個人の権利でもあり、市民としての義務でもある」**と単純明快に宣言するものである。

このようにあまりにも率直な物言いをされると、ダークホース合意は現実味のない単なる理想のように聞こえるかもしれない。人によっては、アメリカ的でないと感じることさえあるだろう。社会の縫い目のあちこちが、見るからにほころび始めている現在、ダークホース合意は、個人の特権意識を社会的な価値観の根幹として極端に尊重するものだ、と誤解されてしまうこともあり得る。

充足感は、社会契約の基盤になるほど強固で信頼できるものではないと思われがちだ。標準化の考え方に安住する批評家たちのなかには、こう言って嘲る人もいるだろう。

「では、あなた方は、自分にとって最も大切なことに重点的に取り組むのが、私の義務だとおっしゃるのですね？　私個人の幸福のあり方を追求するのが、市民としての私の義務だと？　つまりですね、私がお聞きしたいのは、『充足感が人間の権利であり、市民としての義務である』などと宣言した国がこれまでどこかにあったかどうか、なんですよ」

実は、そうした国がある。

その国は、アメリカ合衆国。その文書は、『独立宣言』である。

the pursuit of Happiness

Conclusion

「個人の幸せ」を追求すれば、周りも幸せにできる

誰かが私からひとつの考えを受け取り、
それを自分の指針にすることがあっても、
それによって、私自身の行動指針が損なわれることはない。
ちょうど、誰かが蝋燭《ろうそく》の炎を私の蝋燭から
灯して光を受け取ったあとにも、
それによって、私が闇に包まれはしないように。

――トマス・ジェファーソン

Conclusion

the pursuit of Happiness

アメリカの建国者たちが描いた希望の世界

「幸福の追求」は「生存」と「自由」に並ぶ至高の権利

西欧の政治的な歴史のなかで、最も大きな影響を与えた文章といえば、間違いなく『アメリカ独立宣言』前文冒頭の、

「われわれは、すべての人間が生まれながらにして平等であり、その創造主によって、生命、自由、および幸福の追求を含む不可侵の権利を与えられているということを、自明の真理として信じる」

という一節だろう。この神聖な文のなかで最も称賛される文言は、三つの不可侵の権利である。にもかかわらず、奇妙なことに、そのうちのひとつには他の二つとは違う響きがあるようだ。世界で最も古く、そして今なお続く民主主義を打ち立てた、類いまれな思想家たちがすべての人間に当てはまる最も重要な権利を定めたとき、彼らは幾分変わった響きのある**「幸福の**

追求（the pursuit of Happiness）**」**を、**「生存**（Life）**」**と**「自由**（Liberty）**」**という至高の権利と同じ位置づけにした。

それから二世紀半過ぎた今も、「生存」と「自由」は、公の場で常に触れられる話題の的である。われわれは、いまだに、生きる権利と死ぬ権利について激論する。選挙戦の時期になると毎回、アメリカの政治家は党派に関係なく誰もかれも、自由の侵害が発覚すれば糾弾し、それによって確実に票を集めようとする。

しかし、「幸福の追求」が公開討論のテーマになることはめったにない。ごくたまにアメリカ人が『独立宣言』のこの文言についてじっくり考えることがあっても、たいていは、これは単なる美辞麗句のひとつに過ぎず、自由を願う人民の心情に訴えるための飾りではないかと疑われた。

実際、世界の舞台に初めて登場したとき、「幸福の追求」は、ジョージ三世統治下のイギリスのあちこちから、すぐさま嘲りを浴びる。たとえば、『独立宣言』発表からほんの一カ月後、エディンバラの雑誌が掲載した、「あるイギリス人」による集中攻撃のように。――いわく。

「彼らの次なる自明の真理および反乱の根拠とやらは、なんでも、自分たちが幸福の追求という絶対に譲れない権利をもっていることだそうだ。幸福の追求が、絶対に譲れない権利だと！……今生きている人ならどなたでも結構、ひとつ、教えていただこうか。誰かが誰かの幸福の追求を奪うなんて話、聞いたことがあるだろうか？　この三つの言葉にどういう意味があるのか、さっぱりわからない。何者かが私から馬や牛を奪うことはあり得るし、ひょっとすると、私のほうから馬か牛を手放すかもしれない。それは、他に私が所有する物についても同じだ。けれども、そもそも私のもっていない物を一体どうやって、私から奪い取ったり譲渡させたりできるのか。生まれくるはずのオイディプス（訳注：ここでは、天才的な賢者という意味）に解いてもらう謎としてとっておく他あるまい」

「幸福の追求」という不可解な文言は建国者たちにとって深遠な意味をもっていた。それは、ある歴史的な瞬間を反映していたのだ。その瞬間とは、アメリカ内の植民地において最も偉大な思想家が、自由な人民のための理想的な社会組織の形態を熟考していたときである。そして、当時どのアメリカ人よりも、この理念と哲学と討論について深い見識をもっていたのが、『独立宣言』の起草者トマス・ジェファーソンだった。

ジェファーソンは、『独立宣言』が、語り継がれるであろう自分の人生において最高の功績になると考えた。ジェファーソンの墓碑銘には、『独立宣言』の作者であることが第一の功績として彼自身によって書かれ、「願わくば、この功績によって記憶されたい」というメモも残されている。そして、『独立宣言』には、「幸福の追求」以上に、万人の充足感の追求に基礎を置く社会というジェファーソンの構想を簡潔に表現した文言はない。

「happiness」＝「ダークホース的充足感」

アメリカの政治的文書のなかで、「幸福」（happiness）が最初に言及されたのは、ジェファーソンが『独立宣言』を書く数カ月前、彼の友人ジョージ・メイソンによって発表された『ヴァージニア権利章典』においてだった。メイソンは、こう書いている。

「すべての人は生まれながらにして等しく自由で独立しており、固有のいくつかの権利を有している。……（それらに含まれるのは）幸福（happiness）を追求し獲得する権利である」

メイソンの〝happiness〟の使い方を分析した、歴史家ジャック・D・ウォーレンは、「（happinessは）現在の、『ぼんやりと抱く目標』のような意味では使われていなかった。十八世紀の思想家たちは、これが『喜ばしい』状態を指すものと考えてはいたものの、『喜び』そのものを意味する語として使ってはいなかったのだ。メイソンのような思想家にとっては、人がhappinessを獲得するのは、その人の状況が自分の性格や才能や能力に合うときだった」

と述べている。

別の言い方をすれば、**建国者たちにとって、「幸福」はダークホースが定義する「充足感」と同義だった**ということになる。

「全能の神ですら、幸福になる必要がある」

ジェファーソンは、平等な充足感（fulfillment）を全人民に約束できたはずだ。しかし、そうはしなかった。かわりに彼が認めた平等は、**「充足感の追求（the pursuit of fulfillment）」**だった。これは、啓蒙主義の一連の理論を学び、その特徴を知識として得たうえで意図的になされた選択である。

啓蒙主義の思想家たちは科学を重んじた。ジェファーソンにとって最も偉大な英雄とは、宇宙の動きを支配する不可侵の科学的法則を示したアイザック・ニュートンだった。ジェファーソンや他の建国者たちから見ると、「幸福の追求」は、人類の本質における科学的な法則だったのだ。――ニュートンの、万有引力の法則と同じように。

スコットランドの哲学者ジョン・ロックは、「幸福の追求」について透徹した分析をおこない、人間の本質における幸福の追求の「不変性」を強調した。彼は著書のなかで、**「全能の神ですら、幸福になる必要がある」**と書いている。ジェファーソンの師フランシス・ハッチソンは、**「人間は、必然的に、自らの幸福を追求するよう決意するものだ」**と書き、ジェファーソンが敬愛した小説家ローレンス・スターンは、**「人間が追求すべき重要なものは、幸福である。それこそが、人間の本質から生まれる第一の、そして、最も強い欲求なのだ」**と書いた。また、ノースウエスタン大学の歴史学名誉教授ギャリー・ウィルズは、長年、ジェファーソンの「幸福の追求」という言葉に込めた意味を研究し、思想家たちがジェファーソンに与えた影響を次のようにまとめている。

「ジェファーソンは、人間が幸福を『追いかける』のは、単なる憧れのような曖昧模糊とした思いによるのではなく、むしろ、**誰もが人間の本質として備えている必然性によるもの**と語っている。磁石の針が常に北を指すのと同じことだ、と。これは物事の規範となる法則であって、これに従って人間は舵をとらなければならないということだ」

啓蒙思想によると、何かが人間の本質に基づく法則であるならば、それは必然的に道徳的な法則になる。つまり、権利なのだ。ウィルズは、「自分が何を追求しなければならないか気づいたとき、人は初めて、**自分にもそれを追求する権利があることを知った**」と説明している。

一連の啓蒙主義理論の最終段階では、何かが道徳的な法則——個人の権利——であれば、その権利は政府によって守られるべきものになる。つまり、政治的な原理にならなければならない。

建国者のひとりジェームズ・ウィルソンはこう書いている。「**社会の幸福は、あらゆる政府の第一の法則である**」

啓蒙主義の初期に書かれた最も影響力の強い専門書のひとつ、『A System of Moral Philosophy』において、著者ハッチソンは、「**総合的な幸福は、すべての政体が掲げるべき至上の目標であ**

る」と断言した。

このように、ジェファーソンは科学的な法則・道徳的な法則・政治的な原理という論理的な段階を経て、**「充足感の追求」があらゆる社会契約によって守られるべき個人の権利**であると確信した。

建国者のほとんどが、独立したアメリカ政府のシステムは、人民の充足感を保護し尊重することを最重要の目標として掲げなければならないという点で完全に合意していた。これが、彼らが『独立宣言』に調印したときに自ら賛同の意を表明したと信じる内容だった。

しかし、ジェファーソンは個人的にそれ以上のものを目指していた。

「個人の充足感の追求」が社会へ好循環を生む

ジェファーソンが信奉した啓蒙思想家の多くは、今で言う「ポジティブ・フィードバック・ループ（positive feedback loop）」（訳注：今の動いている方向にさらに押し進める）が「個人による充足感の追求」と「社会の全構成員による総合的な充足感」の間に存在すると信じていた。

この考えによると、**ある個人による充足感の追求は、必ずその隣人たちに利益をもたらし、その一方で、隣人の充足感を増加させるその行為が、その当人にさらなる充足感を実感させる**ことになる。

スコットランドの哲学者ヘンリー・ホーム＝ケームズ卿が、最初にこの概念の初期形態を表現した人物かもしれない。彼はこう書いている。

「人間には善意の原理があり、それが人間を社会全体の平等な幸福の追求へと駆り立てる」

そして、ハッチソンは個人による幸福の追求と社会全体の幸福とのループを、こう結論づけた。

「その行為の主体はそれぞれに、その行為こそ、個人的な幸福を促進するための最も確かな方法であることを発見するだろう。すなわち、公的に有用な行為をなすことである。……同様に、公的に有用な行為は何らかの優位性をすべての（行為の）観察者に広く与え、それゆえに、その観察者はその行為を是認し、その主体に対して好意を抱くようになる」

ジェファーソンが愛読した、もうひとりのスコットランド啓蒙哲学者アダム・ファーガソンも、社会における個人と全体の充足感には相互関係があると確信していた。

「同様に、個人の幸福が市民社会の掲げる最大の目標であることは間違いない。構成員一人ひとりが幸福でなければ、どれほど社会全体が良くなっても何の意味もないではないか。しかしながら、社会の利益と個人の利益は、容易に折り合いがつく。社会から受けたあらゆる配慮に対して、個人は借りを負うが、まさにその配慮という借りを返すことによって、個人は人間の本質として得られる最大の幸福を受け取る」とファーガソンは書いている。

ジェファーソンは、このような充足感に関する社会的な力学を啓蒙思想から吸収し、個人による充足感の追求が単に権利だけではなく、義務でもあると結論づけた。――社会の全体的な充足感を増加させるうえで、必要不可欠な役割を担う義務である、と。

二〇〇六年に出版された著書『Wealth in Families』のなかで、チャールズ・コーリア（慈善運動における思想的指導者）は、博愛主義者を目指す人々に向け、ジェファーソンの結論に従うよう次のように提言している。「トマス・ジェファーソンによると、『幸福の追求』は自分自身を知ろうとする内面への旅と、他者のために役立とうとする外界への旅とに関係がある」

こうした観点から、『独立宣言』にある最も有名にして不可解な文言は、ダークホース的な考え方を簡潔に表現したものと言える。これは、つまり「平等なフィット」（あなたの充足感を追求する権利）と「個人の責任」（あなたの充足感を追求する義務）を肯定する文言なのだ。

なぜ、ダークホースたちは「ギバー（与える人）」になるのか

ジェファーソンには、人間として重大な欠陥があった。奴隷制は間違っていると確信し、故郷ヴァージニア州の奴隷制を制限ないし廃止しようと何度か試みたものの、結局は、彼自身が生涯を通じて、六百人以上もの人間を束縛する奴隷主であった。ジェファーソン同様、奴隷主であり続けた面々のうち何人かは、同郷のジョージ・ワシントンも含めて、最終的に死の間際には、奴隷を解放するという勇断を下したが、ジェファーソンは最後まで解放しなかった。一個人として生活を送るうえで、ジェファーソンは公人として熱烈に提唱していた原理に自ら従

っていなかったわけだ。トマス・ジェファーソンといえども自分の罪に対する責任から逃れることはできない。

しかし、この罪人《つみびと》と、彼が発したメッセージを切り離して考えることは、可能であり必要でもある。発明者を糾弾しつつ、その発明品を称えることがわれわれには可能なのだ。ジェファーソンが提起した、充足感が権利でもあり義務でもあるという概念は、その論者が落とした影の外で評価されてしかるべきものだ。何よりも、それが真に民主的な能力主義を構築する鍵を握っているのだから。

組織にすべての個人の充足感追求を保障するよう義務づけ、同時に、市民に不可欠の義務として充足感を義務づける社会は、あらゆる場合において、才能開花と充足感のポジティブサム・ゲームを実施することになるだろう。——ひとつの決定的な前提が成り立つならば。すなわち、**個人的な充足感を達成した人は誰でも、その人を支えた社会に対して恩返しがしたいと自然に思うようになる**、という前提である。

これまで見てきたように、個人的な充足感の追求によって、それぞれが他者の充足感に貢献したくなるという概念は、啓蒙思想家のなかでは人に対する信頼の問題だった。それから二世紀以上過ぎた今、われわれには、彼らの信頼が当を得ていたことがわかっている。ダークホース・プロジェクトのなかで、私たちは何度も繰り返し、充足感を獲得した達人たちが周りの人々の幸福と福祉に貢献したいと心から願うようになった経験談を耳にした。

驚くべきことに、恵まれない環境で生まれ育ったダークホースたち――苦難と屈辱に耐え忍んだ末に、ようやく充足した生活を手に入れた人たち――も、やはり、社会への奉仕を生活の中心に据えている。そのひとりが、トマス・プライスだ。父親はアフリカ系アメリカ人で、母親は白人だが、問題は、トマスが生まれたとき、母親が白人と結婚していたことだった。母親の夫は、自分の息子であるはずの赤ん坊が明らかに別の男の子どもとわかった瞬間、動揺し激怒する。数年後、母親は自殺した。トマスを虐待する「継父」は、彼を連れてアラスカに引っ越し、アンカレッジで、ある女と同棲を始める。しばらくすると継父は家出し、それ以降音信は途絶えたまま。

十四歳のとき、トマスは縁もゆかりもない――そして、トマスの養育にまるで関心のない――女と二人きりで暮らしていた。女はトマスに、働いて部屋代と食費を稼げと要求し、トマスはハンバーガー屋で職を見つけ、週に四十時間働きながら高校になんとか通い続けた。もらった給料は全額、女がひとり占めした。十五歳のとき、ついに我慢できなくなったトマスは家を出ると、麻薬の密売をする十代の若者とトレーラーハウスで暮らし始める。生まれてから一度も周りの大人から愛されたことも、安定した環境を与えられたこともなかったし、その後も、二度と後見人をもつことはなかった。

標準化されたシステムのもとでは、トマスが何かで成功するなど、ほぼ不可能に近い状態だ。

しかし、トマスは自分の思い通りに充足感を追求した。料理するのも、厨房で同僚と一緒に働くのも非常に楽しいと気づいたトマスは、やがて勤めていたレストランのリーダーになる。その後、料理人として世界中のレストランで修業を積み、最後にシアトルに落ち着いたとき、初めてソムリエという民主的な能力主義に出会う。

これが完璧なフィットだった。二〇一二年、四十七歳にして、トマスはマスターソムリエ認定試験に合格し、世界で最も優れたソムリエのひとりに選ばれた。

後見人たちに見捨てられ、教育も支援も受けられず、人の親切にさえ触れることのなかったトマスは、生きていく道を自分で見つけるしかなかった。にもかかわらず、現在、他者へのサービスを提供することに誇りを感じている。ホスピタリティ業界の一流のプロとして、そして、コート・オブ・マスターソムリエの教育委員会会長として、さらに、「Guild of Sommeliers Education Foundation」という非営利団体の奨学金責任者として。こうした活動を通して、トマスはソムリエ志望の貧困学生を援助している。

「なんとも晴れやかな気持ちなんだよ、志をもって目標に向かって努力している人に資金援助できるってことがね。奨学金の小切手を受け取ったときの彼らの表情を思い浮かべると、胸がいっぱいになるんだ」とトマスは言う。「若い頃、金銭的にかなり苦労したからね、恩返しができるようになった充足感ってのは、そりゃあ大きいよ」

充足感を見つけた人が誰でもかれでも、他者を助けようと感じるわけはない、と主張する人もいるだろう。さらに、ダークホースのインタビュー自体に、自選というバイアスがかかっていると感じる人もいるかもしれない。つまり、何の実質的な見返りもなく、科学者を相手に自分の人生について心を開いて語り聞かせるような人は、まさに、他者を助ける傾向のある人たちではないか、と。これは、フェアな指摘だ。と同時に、もしこれだけ多くのダークホースたちが、これだけ多様な社会的・経済的背景をもち、これだけ異なる旅路を辿った末に、揃って、他者の人生がより良くなるようにと熱心に努力するに至ったなら、その事実は、ひとつの無視しがたい証《あかし》になるだろう。

あなたは、どちらの世界で生きたいか？

ところが最終的な分析で、私たちが、充足感は必然的にすべての個人を社会貢献への欲求へと導く、と証明できるかどうかは重要なポイントではなくなる。結局のところ、極めて単純な質問——あなただけに答えることのできる質問——に集約されるのだ。

「どちらの機会提供システムを、あなたは支持したいだろうか？　定員主義か、それとも民主的な能力主義か」

標準化されたシステムのもとで、共に生きる市民が他者への慈善の精神を抱くことに、あなたは期待をかけたいだろうか。定員とエカントによって、社会における最高の機会を得ることを阻まれた大多数の市民が、ごく一部の特権階級の充足感のために犠牲を強いた社会へ、恩返しをしようと強く願うことに期待したいだろうか。

それとも、誰もが思い通りに充足感を追求できるように支えられていると感じる、「平等なフィット」に傾倒する社会のなかで、共に生きる市民が他者への慈善の精神を抱くことに期待をかけたいだろうか。

定員主義を維持し、標準化されたシステムを守り抜くことは、われわれの組織に一任されている。対照的に、〝ダークホース〟合意は、われわれすべてに批准され支持されなければならない。「平等なフィット」と「個人の責任」の両方を重視する社会においては、常にあなたの意志によって変化がもたらされる。われわれ個人がお互いに助け合うという強い義務感を抱くならば、民主的な能力主義は充足感のポジティブサム・ゲームとしてのみ機能することになるのだ。

ジェファーソンの提唱した「幸福の追求」は、時代に先んじる考え方だった。

今こそ、その考え方が生きる時代だ。

この絶好の機会は、ある時代の夜明けと共に産声を上げた。それは、アメリカ内の植民地のなかで最も聡明な思想家たちが、意見の相違を脇に置いて互いに協力し、究極の勝利に向けて戦った時代だ。彼らが目指した独立国家とは、いつの日か、生存と自由と、そして充足感の追求を万人に保障できるようになる国家だった。あなたが自分の個性を生かし、才能を開花させ、充足感を追求することに専念する場合にのみ、具体化が可能になる好機である。また、あなたの充足感を追求する自由が、最終的には、あなた自身が他者の独自の道を辿る自由を支えるかどうかにかかっていることを認識する場合にのみ、具体化が可能になる好機でもある。

これが、昔からずっと、われわれの目指していたはずの姿だ。

自分たちが始めたことは、自分たちの手で完結させようではないか。

（了）

本書の「参考文献」「注釈」は、
三笠書房ホームページ内で閲覧・ダウンロードしていただけます。
http://www.mikasashobo.co.jp

DARK HORSE
by Todd Rose and Ogi Ogas

Published by arrangement with HarperOne,
an imprint of HarperCollins Publishers through
Japan UNI Agency, Inc., Tokyo

Dark《ダーク》 Horse《ホース》
「好《す》きなことだけで生《い》きる人《ひと》」が成功《せいこう》する時代《じだい》

著　者――トッド・ローズ
著　者――オギ・オーガス
訳　者――大浦千鶴子（おおうら・ちづこ）
解説者――伊藤羊一（いとう・よういち）
発行者――押鐘太陽
発行所――株式会社三笠書房
〒102-0072 東京都千代田区飯田橋3-3-1
電話：(03)5226-5734（営業部）
：(03)5226-5731（編集部）
https://www.mikasashobo.co.jp
印　刷――誠宏印刷
製　本――若林製本工場

編集責任者　本田裕子
ISBN978-4-8379-5807-9 C0030

三笠書房

ハイ・コンセプト
「新しいこと」を考え出す人の時代

ダニエル・ピンク【著】
大前研一【訳】

〝6つの感性〟に成功のカギがある！

この時代にまともな給料をもらって、良い生活をしようと思った時に何をしなければならないか――本書は、この「100万ドルの価値がある質問」に初めて真っ正面から答えを示した、アメリカの大ベストセラーである――**大前研一**

GIVE & TAKE
「与える人」こそ成功する時代

アダム・グラント【著】
楠木　建【監訳】

世の〝凡百のビジネス書〟とは一線を画す一冊！――一橋大学大学院教授　**楠木　建**

新しい「人と人との関係」が「成果」と「富」と「チャンス」のサイクルを生む――その革命的な必勝法とは？　全米No.1ビジネススクール「ペンシルベニア大学ウォートン校」史上最年少終身教授であり気鋭の組織心理学者、衝撃のデビュー作！

ORIGINALS
誰もが「人と違うこと」ができる時代

アダム・グラント【著】
フェイスブックCOO　シェリル・サンドバーグ【解説】
楠木　建【監訳】

「オリジナルな何か」を実現させるために。常識を覆す「変革のテクニック」！

◆誰もがもっている「独創性」が変化をもたらす◆チャンスを最大化するタイミングとは――〝一番乗り〟は損をする◆「やさしい上司」より「気むずかしい上司」に相談する◆恐れを「行動力」に変える法◆部下に解決策を求めてはいけない…etc.

T30341